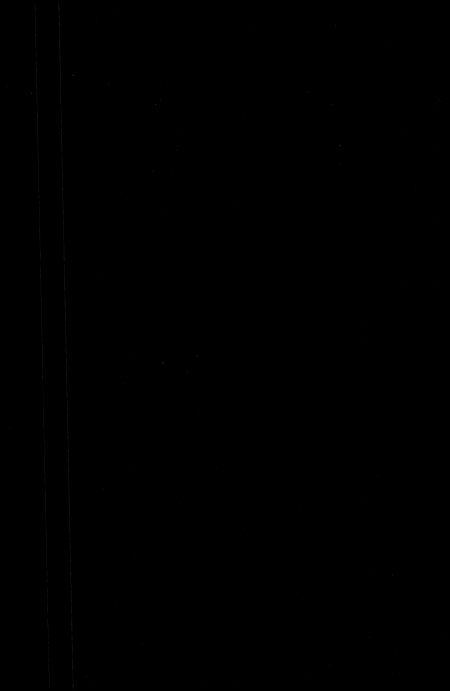

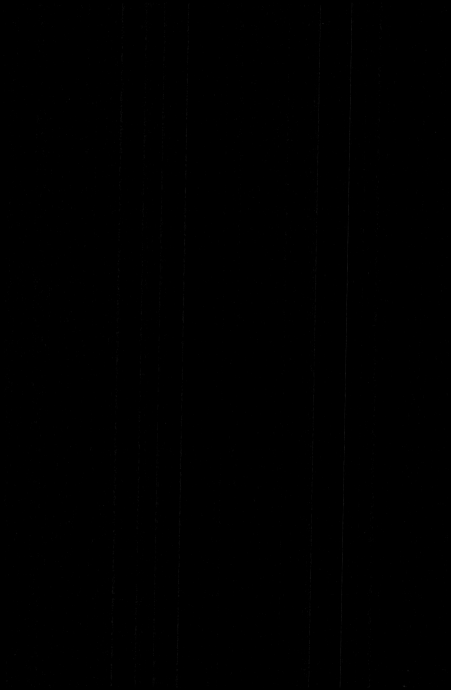

迫害された移民の経済史

ヨーロッパ覇権、影の主役

玉木俊明 *Tamaki Toshiaki*

河出書房新社

迫害された移民の経済史

ヨーロッパ覇権、影の主役

目次

序章　ディアスポラがもたらした商業空間の拡大　7

第一部　なぜヨーロッパ経済は、近世に成長したのか　13

第一章　宗教改革の時代――マルティン・ルターとジャン・カルヴァン　15

第二章　イエズス会とコンベルソ　24

第三章　商業情報の発展　44

第二部　ヨーロッパ内部から外部へのディアスポラ　67

第四章　ユグノーの国際的な活動　69

第五章　スコットランドとアイルランドのディアスポラ　98

第六章　アシュケナジムの役割　130

第三部　拡大するヨーロッパ世界と国家なき民　149

第七章　セファルディムのネットワーク拡大　151

第八章　アルメニア人——影の支配者　176

第九章　セファルディムとアルメニア人　206

終章　ディアスポラの民がつくった世界　214

あとがき　222

主要参考文献　230

迫害された移民の経済史

ヨーロッパ覇権、影の主役

序章　ディアスポラがもたらした商業空間の拡大

ディアスポラとは何か

「ディアスポラ」とは、今ではかなり人口に膾炙した言葉である。これはもともと、新バビロニアのネブカドネザル二世により、前五八六年にユダヤ人がパレスチナ以外の地に強制的に移住させられたことを意味した。それが現在では、大勢の人々が集団で移住する現象を意味するように拡大解釈されるようになった。

だが、それでは、わざわざディアスポラという語を使う理由がない。それは、本来この語の背景に、一神教の不寛容さが隠されていることを見逃してしまうことになるからである。

一神教とは、ただ一つの神しか存在しないという宗教である。したがって他の神を信じる人たちは異教徒であり、とうてい受け入れることができない輩となる。一神教を信じるなら、異教徒に対して寛容になることは非常に難しい。キリスト教徒が多数を占めるヨーロッパの歴史とは、宗教的寛容と不寛容の相克の歴史であるととらえることもできるのである。

むろん多神教のあいだでも、宗教的抗争は生じた。しかし一神教と比較するなら、抗争の規模は小さく、頻度は少なかった、と私には思われる。ディアスポラは、本質的に一神教の排他性が生み出した現象である。あるいは少なくとも、宗教的問題が原因となり、人々が他地域に移住することを余儀なくされた現象である。そのようなとらえ方をせず、多数の人々が集団で移住した現象だと考えるなら、ユダヤ人が世界中に散らばったことと華僑が東南アジアに移住したことを同一の現象だとみなすことになる。それは、きわめて不自然なとらえ方であろう。

このような傾向は、最近のディアスポラ研究にはしばしば見られる。現在のディアスポラ研究においては、ロビン・コーエンの研究が大きな影響をおよぼしているが、彼は宗教的迫害には限定せず、人々が大量に別の地域に移動したことをディアスポラだと定義づけている。

たとえばコーエンは、アルメニア人に関しては、一九世紀後半の虐殺と一九一五〜一六年の強制的退去を「犠牲的ディアスポラ」と位置づけているだけで、近世のディアスポラについては論じない。交易ディアスポラとして中国人をあげていることからも、コーエンが宗教的な迫害を重要視していないことがわかるだろう。

人々は、たしかにさまざまな要因により移住する。おそらく貧困が、主な原因の一つとしてあげられよう。貧しい人々がある程度の大きさの集団で他地域に移住することも、歴史上しばしば見られたことである。ただ彼らには、帰るべき故郷がある。だが、宗教的迫害により故郷から追い出されたなら、簡単に戻れる故郷はないのだ。ここに移住とディアスポラの根本的相違がある。

本書でディアスポラに「宗教的迫害のために集団で他地域に移住することを余儀なくされること」という定義を付与するのは、このような理由からである。

異文化間交易の仲介者

「迫害」という言葉から推測されるように、ディアスポラの民は、迫害された気の毒な人々だとされており、歴史の発展の担い手とする見方は少なかった。それが大きく変わったのは、フィリップ・カーティンが、「異文化間交易」という用語を考え出した一九八四年のことであった。カーティンはこの用語を用い、古代メソポタミアから二〇世紀に至る歴史を描いた。さらに彼は、ディアスポラの民が歴史の発展の担い手であった可能性を示唆したのである。

商業活動が拡大すれば、それまでとは違った相手と取引することになり、宗教や宗派、さらには文化が異なる商人同士での取引も増える。このような交易を異文化間交易といい、商業活動が活発になれば、異文化間交易圏が拡大するのである。

カーティンによれば、商人が、出身地域から大きく離れた別の都市に異邦人として移住するとき、通常は、取引相手の共同体の辺境地域ではなく、重要な役割を果たす中心都市に移り住むことになる。定住した異邦人商人は、その地で語学や習慣さらには生活スタイルの習得に努め、やがて異文化間交易の仲介者となる。そして住みついた社会から移住しても、出身地域の人々とのあいだで、交易の促進に努めるようになる。

この視点は非常に重要である。というのは、ディアスポラの民は、元来の居住地との関係を切らないために、商業圏を拡大できるからである。したがって逆説的ではあるが、彼らは、ディアスポラにより、商業的に繁栄することができるのである。

この段階になると、移動のあとに定住した商人と、行き来を繰り返す商人とに分岐する。それにともなって、当初は一つからはじまった居留地が複数になっていき、さらに、それらが互いにつながるようになる。もとの共同体の外に一つの居留地をつくった交易民は、徐々にその居留地を増やし、交易のための共同体を網羅する交易ネットワークを形成する。それは、交易離散共同体と呼ばれる。

カーティンによれば、このようにして、交易圏が拡大する。その交易圏では、おそらく比較的同質な情報が得られ、商業慣行も統一された。そして商人は、場合によっては、宗派や宗教が異なっても積極的に取引した。

ヨーロッパ商業史研究において、カーティン以前には、商人は原則として同一の宗派としか取引しないと考えられていた。しかしカーティンの研究以降、異なる宗派・宗教間での取引がなされていたことがわかるようになった。ヨーロッパ人の取引地域の拡大とともに、異文化間交易は増大したのである。明らかに、ヨーロッパ商業史研究のパラダイムは変化したのだ。異文化間交易の研究は、間違いなく、欧米の歴史学界でメインストリームの一つになっている。

なぜディアスポラの民が必要だったのか

ディアスポラという言葉が使われるのは、対象とする社会が決して平和ではなく、混乱に満ちているからである。そして社会に混乱をもたらす最たるものは戦争である。近世のヨーロッパでは、多数の宗教戦争が起こった。したがって、近世ヨーロッパでディアスポラが多数発生したのは不思議ではない。近世はヨーロッパが対外進出していった時代でもあったため、ディアスポラの民の活動領域は、世界全体へと広がった。そのためヨーロッパ人は、すでにヨーロッパ外世界にあった国家なき民のネットワークを利用する必要があった。また対外進出にあたって、もともとはヨーロッパにあったディアスポラの民のネットワークをヨーロッパ外世界にまで拡大し、各国がそのネットワークを使って商業活動を活性化させたのである。

ヨーロッパは、アジアに進出するにあたり、東インド会社などの特権商事会社をつくった。それには、イギリス、オランダ、フランス、デンマーク、スウェーデン、さらにはスペイン領ネーデルラントのオーステンデ会社が含まれた。

これらの会社のなかで、とくに規模が大きかったのが、英蘭の東インド会社である。彼らは、ロシアから東南アジアに至る貿易において、アルメニア人のネットワークを利用しなければならなかったのである。イギリス東インド会社は、一六二三年にオランダとのアンボン（アンボイナ）事件に敗れたことをきっかけとして、やがてインドに拠点をおくようになる。元来は一回の事業ごとに出資者をつのり、その事業での利益を出資者に返済するようにしていたが、クロムウェルにより、一六五七年には株式に利潤のみを分配するようになったばかりか、株主は会社経営に参加できるようになった。

イギリス東インド会社は、現地の商人とも取引をした。その代表例が、アルメニア人であった。その頃アルメニア人は国家なき民であったが、一七世紀初頭になるとイランの新ジョルファーを根拠地として、主として陸上貿易で活躍していた。

ヴァスコ・ダ・ガマがインドに到着し、一六世紀以降、インド洋がポルトガル人の海になってから、陸上交易はすたれたように思われがちであるが、現実にはアルメニア人を中心とした陸上交易が活発におこなわれていたのである。たとえば、イギリス東インド会社はアルメニア商人とパートナーシップ契約を結び、ペルシアとの交易をしようと決定した。現地の言葉、習慣、政府についてよく知っているアルメニア人を利用したのである。

また大西洋に目を向けると、ブラジルからカリブ海諸島の港町に、ユダヤ人が住みついていた。彼らは“Port Jew”と呼ばれ、そのほとんどがセファルディム（イベリア半島系のユダヤ人）であったと推測されている。彼らが、中南米でサトウキビの栽培方法、砂糖の生産方法をこれらの地に伝え、「砂糖革命」をもたらした中心的人々であった。ヨーロッパの国々が大西洋貿易に参画し、それぞれの貿易を拡大させた一方で、大西洋経済が一つの統一体を形成し得たことには、彼らの存在があった。

近世ヨーロッパの特許会社は自分たちの力だけで商売するということはできず、ディアスポラの民の力を必要としていた。まだ国家の力が小さく、商人と国家の共棲関係があった時代に、このような民の力は大変役に立ったのである。

ディアスポラの民がいたからこそ、ヨーロッパは拡大することができた。本書は、彼らに光を当ててヨーロッパ、ひいては世界の近世に新しい解釈を提示することを目的とする。

第一部

なぜヨーロッパ経済は、近世に成長したのか

第一章　宗教改革の時代――マルティン・ルターとジャン・カルヴァン

はじめに

中世以降ヨーロッパでは、カトリックに反対する運動が強まっていった。それらのほとんどすべてはうまくいかなかったが、マルティン・ルターがそれに成功した。ローマ・カトリック教会に対する一五一七年の抵抗（九五箇条の論題）をきっかけとして、宗教改革がはじまったのである。

宗教改革によって、西欧世界はカトリック地域とプロテスタント地域に分裂した。プロテスタント地域は、さらに細かな分派に分かれ、宗教戦争が生じた。宗教戦争はナショナリズムを生み出し、国や地域によって奉じる宗教が異なるという状況を発生させた。このような状況は一六世紀のあいだ絶え間なく続き、それが終わるのは、三十年戦争の講和条約であるウェストファリア条約が結ばれた一六四八年のことであった。

この宗教戦争は、当初はドイツの一地方で生じた領主に対する農民反乱にすぎなかった。当時の世界全体を見わたすなら、ちっぽけな出来事である。したがって宗教改革がはじまった頃、この運動が世界史的意義をもつものになるとは誰も思わなかったであろう。だが、ヨーロッパが世界に拡大するようになると、大きな意味をもつようになったのである。

ドイツではルターの信者たちが宗教戦争をはじめたが、フランスではそれに遅れて、プロテスタントのユグノーとカトリックとの戦争が一五六二〜九八年まで続いた。この間に、フランスはヴァロワ朝からブルボン朝へと交替し、ユグノーである国王のアンリ四世がカトリックに改宗することで戦争は終結を迎えた。これは、改宗という行為が、本人の意思ではなく、政治状況によって大きく動かされていたことを示す適切な事例である。

1　マルティン・ルター

ローマ・カトリック教会が生み出した宗教改革

キリスト教は、一般にイエスの死後、紀元後一世紀中頃に成立したと考えられている。この時期はいうまでもなく、ローマ帝国にとってキリスト教は邪教であった。そのため何度も迫害されることになる。

キリスト教がローマ帝国によって公認されたのは、コンスタンティヌス大帝とリキニウス帝が、三一三年にミラノ勅令を公布したときのことである。ただし、それ以前の三〇一年に、アルメニア王国がキリスト教を国教としている。キリスト教はローマ帝国ではなく、まずアルメニアで大きな権力を獲得したのである。そして三八〇年、ローマ帝国がキリスト教を国教とし、三九二年には、ローマ帝国内でのキリスト教以外の宗教の信仰が禁止されることになった。

ローマ・カトリック教会は、正統な教義をもつ教会と簡単に認められたわけではない。そもそも、イエスが活躍した紀元後三〇年頃からキリスト教がローマ帝国の国教となる四世紀末までに、三〇〇年以上の歳月が流れている。したがって、イエスが言ったことが正確にのちの世まで伝わったとは考えにくく、ローマ・カトリック教会の教義は、その時々の教会の都合に大きく作用されることになったはずである。

とはいえ、ローマ・カトリック教会にとって、決して譲ることができない教義がいくつかあるだろう。その一つが、「予定説」である。これは、カトリックの正統教義を確立したアウグスティヌスによって唱えられた説である。彼の考えでは、「救われる者と救われない者は、神の永遠の意思によって、あらかじめ定められている」のである。これでは何のために生きていくのかわからなくなりそうだが、全知全能の神を前提としているのだから、そもそも人間がいくら努力したところで、それが救済に役立つはずもない。

ヨーロッパ中世史の権威、堀米庸三《ほりごめようぞう》によれば、じつはその重要な学説が中世のあいだに忘れ去られることがあった。一一世紀末のローマ教皇グレゴリウス七世は、堕落した聖職者を戒め、教皇の権威を回復させるために、「グレゴリウス改革」を実行した。そしてグレゴリウス七世は神聖ローマ帝国皇帝ハインリヒ四世を破門し、皇帝は許しを請うために、極寒のカノッサで三日間裸足のまま立ち尽くしたという。世にいう「カノッサの屈辱」である。

グレゴリウス七世は、聖職売買《シモニア》や聖職者の妻帯を禁じ、ローマ・カトリック教会の刷新を図ろうとした。これが、「グレゴリウス改革」の骨子である。この改革で、教皇は大きなミスを犯した。それは、シモニアで得られた聖職は無効であり、それゆえ彼らの秘蹟（洗礼・堅信・聖餐・告解・終油・叙階・婚姻）は無効であるので、もう一度シモニアをしていない聖職者によってやり直さなければならないと主張したことである。しかし本来、秘蹟とはイエスがなすべき行為を聖職者が代理でおこなっているにすぎない。神の恩寵は、秘蹟をする聖職者の人格とは関係なく、カトリックの正式の儀式を通して信徒に届くので、人間の人格や努力とは関係なく、その儀式のやり方が正しければ、何も問題はない。もし、シモニアをしたという理由でその秘蹟が無効になるとすれば、人間の行為が神の恩寵を左右することになってしまう。ここに、グレゴリウス改革の大きな問題点があった（堀米庸三『正統と異端』）。

ローマ・カトリック教会は、神の恩寵の独占供給機関という地位を、自ら否定することになってしまったのである。とすれば教会を通さなくとも、神は信者を救済することができる。これは、プロテスタントの考えである。要するに長期的に見れば、宗教改革をもたらしたのは、ローマ・カトリック教会だったといえるのである。

マルティン・ルターの主張

ルターは、一四八三年にドイツのザクセン地方に生まれた。父親のハンス・ルターは永代借農家であったが、銅の精錬をする実業家となった。ハンスの上昇志向は強く、それは息子にも受け継がれることになった。父は、息子をラテン語学校に通わせ、法律を学ばせようとしたが、ルターはエアフルトという町で修道士になり、エアフルト大学で神学の研究を開始した。

一五一一年には、ヴィッテンベルク大学に籍を移し、翌年には同大学から博士号を授与され、教授になった。ルターは、ヴィッテンベルク大学で、「人は信仰によってのみ義とされる」という結論に達した。

聖書だけに信仰の拠りどころを求めることは、それまでにもウィクリフやヤン・フスによって述べられていたが、それをさらに進めたのである。

人間とは、その本性上罪深い存在である。そういう人間が救済されるかどうかは、外的な行為ではなく内的な信仰によると主張したのだ。これは、「信仰義認説」と呼ばれる、ローマ・カトリック教会の権威に対する重大な疑念であった。ルターによれば、ローマ・カトリック教会の儀式は人を救済せず、贖宥状の購入は、信徒の救済にはつながらないはずだという。

ただしカトリックの立場からすれば、贖宥状の発行それ自体は何ら恥じるべきことではない。これは、カトリックの秘蹟の中の告解にかかわっていた。信徒は罪を赦されるが、それに対する償いをしなければならない。そのために信徒は、断食をしたり、金銭を支払ったりした。信徒は贖宥状を購入することで、刑罰部分の全部ないし一部を免除されたのである。ただし、あまりに利殖目当ての贖宥状発行が目立ったのもたしかで、これには、明らかに問題があった。

この当時ローマ教皇は、イタリアのサン・ピエトロ大聖堂建設資金のため、贖宥状販売の独占権をドイツの富豪フッガー家に許可していた。教皇庁とフッガー家はこのように癒着していたのである。しかしルターの考えでは、教皇庁は贖宥状を販売しても、「信仰によって義とされる」状態にはならないので、人間は救われないはずなのである。

このような義憤を抱いたルターは、一五一七年一〇月三一日、一般には「九五箇条の論題」として知られる討論課題を提出した。正確には「贖宥の効力を明らかにするための討論」という題目であった。一五一八年一〇月のアウクスブルクでの審問で、ルターは自説の撤回を求められた。しかし、「聖書に明白な根拠がないかぎりどんなことでも認められない」と反論し、逮捕から逃れるため、アウクスブルクから逃亡した。

より大きな危機は、翌一五一九年に起こった。同年六月から七月に開かれた、ライプツィヒ討論がそれである。神学者のヨハン・エックが、ルターに対する手厳しい反論をしたのである。この討論は、一週間続いたが、その間にルターは、ローマ・カトリック教会の最高決議機関である公会議とは絶対に正しいものではなく、間違いを犯すことがあると言った。これは、一四一五年に異端として火刑に処せられたベーメンのヤン・フスと同じ主張をしたことになり、ルターは破門されても仕方がない立場に追い詰められた。

おそらくルターは、ライプツィヒ討論以前と説を変え、ローマ・カトリック教会と決定的な決別を意識したのではないかと思われる。この討論以降、ルターのローマ・カトリック教会の批判が、やがて宗教戦争を引き起こしていったのである。

カトリック国家の世界進出

宗教改革はプロテスタントの出現やプロテスタントとカトリックの争いだけではなく、カトリック内部の改革ももたらした。そのための最大の組織がイエズス会であり、世界各地に布教に乗り出していった。

宗教改革の影響が世界的なものになったのは、カトリック国のスペインとポルトガルが世界を探索し、対抗宗教改革により、イエズス会が世界各地に出ていったからである。宗教改革によって誕生したのはプロテスタントであったが、この改革の影響を世界的なものにしたのは、カトリックであった。

一六世紀の世界史上の最大の特徴といえば、ヨーロッパ人のヨーロッパ外世界への進出である。それに対して積極的だったのが、スペインとポルトガルというカトリックの国々であった。一六〇〇年にイギリスが、一六〇二年にはオランダが東インド会社を創設し、アジアとの貿易に乗り出すが、それは「国家的事業」であり、「宗教的事業」ではなかった。

カトリックの母体は、ローマ・カトリック教会ただ一つであるのに対し、プロテスタントは、さまざまな派に分かれていた。カトリックのネットワークは、プロテスタントのネットワークよりも広範囲におよんだ。さらに現実には、カトリックの商人とプロテスタントの商人も共同して事業をした。もしそういうことがなければ、ヨーロッパ人が海外に出て事業を継続することは不可能だったのである。

2 ジャン・カルヴァン

ルターの教えを、さらに激しいものにしたのは、ジャン・カルヴァン（一五〇九〜六四）であった。カルヴァンは一五〇九年、フランス北部のノワイヨンに生まれた。一五二三〜二八年頃にはパリに、一五二八〜二九年にはオルレアンに滞在していたようである。彼は人文主義者であり、セネカの注釈書の執筆者であったが、一五二三〜三三年に突如として回心したといわれる。カルヴァンは、誤ることのない神の予定と、神の召命の超自然的な性格を理解した。いや、信じたという方が、現実に近いであろう。

カルヴァンは、一時的にスイスのジュネーヴを訪れたが、追放されてフランスのストラスブールに行き、一五四一年にジュネーヴに戻った。カルヴァンは以降三〇年近くにわたり、この地で神権政治による独裁者として権力をふるったとされる。宗教家が独裁者になることは、とくに一神教の世界では、容易に理解できる。唯一神の信仰を正確に理解している自分に歯向かう者は、神の敵となるからだ。また、ジュネーヴの人口は一万数千人と決して多くはなかったということが、彼の独裁を容易にしたといえよう。

カルヴァン主義の特徴として、労働倫理の重要性、乞食の禁止、貧者の救済などがあげられる。それを維持するための制度の中核に位置したのが、長老会（牧師と教会員から選出された一定数の長老が運営に参加した組織）であった。

カルヴァンの教えは、しばしば「予定説」といわれ、キリスト教の信者が救われるかどうかは、本人の努力ではなく、あらかじめ神によって決められ、「神の救済にあずかるのも、永遠の劫罰に喘ぐのも、すべて前もって定められている」とした。そのような人間の神への絶対的服従は、現世の天職を与えられたものとして務める以外に示す方法はない、と説いた。このようなカルヴァン派の信仰は西欧の商工業者（中産階級）に支持されていった。

だが、すでに述べたように、そもそも予定説そのものは、アウグスティヌス以来、カトリックの正統教義であった。アウグスティヌスは、「神はすべての人を救われるのではなく、救われるべき人々を神があらかじめ選ばれた」と考えたのである。ただしカトリックは贖宥状を発行しており、救済への道は多くの人々に開かれていた。カトリックは、じつは寛大な宗教だったといえるのである。それに対しカルヴァンは、救済への道を完全に閉ざしてしまった。これは、あまりに残酷な発言である。カルヴァン自身は、自分は救済されるべき人物だと信じていたが、そのように傲慢ともいえる発想ができたのは、おそらく一握りの人々にすぎなかった。

おわりに

宗教改革は、一六世紀前半には、まだヨーロッパの一部の出来事にすぎなかった。少なくとも、世界的な重要性を帯びていたわけではない。それが世界的な意義をもつようになったのは、ヨーロッパが世界を支配し、キリスト教的な価値観が世界に輸出されたからだ。

ヨーロッパはたしかに軍事力によって世界を制圧した。だが、それと同時に、ヨーロッパ的な価値観を世界の人々に植えつけることに成功したからこそ、世界を支配できたことを忘れてはならない。そのきっかけとなったのが、ルターが開始した宗教改革であった。

こうして宗教改革は宗教戦争を引き起こし、そのためにディアスポラが生じた。ディアスポラの範囲はヨーロッパにとどまらず、新世界やアジアにまで拡大した。ヨーロッパの拡大は宗教改革の帰結ではなかったが、宗教改革は、ヨーロッパの拡大を支えたのである。

第二章　イエズス会とコンベルソ

対抗宗教改革

ルターやカルヴァンらのプロテスタントによる宗教改革に対し、カトリックの側、ローマ・カトリック教会としても、対抗措置をとる必要が出てきた。これを「対抗宗教改革」という。

対抗宗教改革以前に、ローマ教皇庁による改革運動も進んでいた。それをカトリックの改革といい、プロテスタントによる宗教改革と対峙させる歴史家もいる。しかし、カトリック教会の改革は不断に続いていたものであり、プロテスタントに対抗するという意味での改革こそ、「対抗宗教改革」と呼び、重視すべきである。

この対抗宗教改革において、忘れてはならない機関がイエズス会である。ローマ・カトリック教会は、イエズス会を使って、カトリックの影響力を拡大しようとした。イエズス会は、世界中でカトリックの伝道に努めた。この点に、カトリックとプロテスタントの決定的な相違が見られる。少なくとも一六世紀において、プロテスタントはヨーロッパ外世界で布教をしようとはしていなかった。いや、少なくともできなかった。この時点で世界史を動かしていたのは、新教ではなく旧教だったからである。

一六世紀の宗教改革そのものの世界史的意義を、過大評価してはならない。それは西欧の一角で生じた現象にすぎなかった。もしヨーロッパ世界の拡大がなく、ヨーロッパ以外の地域が世界を制覇したとすれば、宗教改革は世界の周辺で生じた些細な出来事として軽んじられる結果に終わったかもしれない。ヨーロッパが世界を支配し、キリスト教が他地域に輸出されたことで、宗教改革の影響が世界的なものになったのである。

イエズス会の活動は、じつはディアスポラと大きく関係しているといえる。しかし、これだけの説明では、イエズス会の発展をディアスポラの一部として扱ってよい理由にはならない。ふつうに考えれば、宗教的迫害により移住を余儀なくされた人々に、イエズス会士が含まれるとは思えないからである。だが、イエズス会士のなかにはコンベルソ（ユダヤ教からカトリックに改宗した人々やその子孫）が多くおり、ユダヤ人迫害が起きていたスペインやポルトガルにいられず、イベリア半島から脱出しなければならなかったとするなら、イエズス会士の一部は、ディアスポラの民だということになろう。

いうなれば、イエズス会の発展は、ユダヤ人の海外進出と大きく関連していた。ユダヤ教を信じる人々あるいはその子孫たちが、より自由な活動領域を求めてヨーロッパ外世界に出かけていったのである。

1 イグナティウス・ロヨラはコンベルソだったのか

イエズス会の創始者の一人であるイグナティウス・デ・ロヨラ（一四九一～一五五六）はコンベルソであった。というと、多くの読者は驚かれるかもしれないが、状況証拠から、そのように推測できるのである。さらにロヨラにかぎらず、イエズス会の創始者の多くはコンベルソであり、そのために海外での布教が容易になったと考えられる。

ロヨラは明らかに、コンベルソに対して共感をもって接していた。それはロヨラが、コンベルソをイエズス会のなかに組み込むことで、イエズス会を発展させたかったからだと思われる。ではなぜ、ロヨラはコンベルソを排斥するのではなく、むしろ彼らに好意を示したのかという疑問が湧いてきて当然である。その答えは、ロヨラ自身がユダヤ人の系譜を引いていたからだというのが、アメリカ人のスペイン史家ケヴィン・イングラムの推測である。

ロヨラ家は、家系的にはおそらく一三世紀にまで遡り、バスク地方に位置するギプスコア県の出身であった。イグナティウスの母方は成り上がり者の家系であり、貿易によって巨額の利益を獲得し、それをもとにして社会階級を上昇させていった。母方の祖父マルティン・ガルシア・デ・リコナは商人かつ官僚で、宮廷での地位を高めていった。一四五九年、リコナ（この名前はバスクの港町から取られた）は貴族のラドロン・デ・バルダから貴族の爵位を購入した。その五年後、彼は娘のマリナ・サンチェス・リコナ（イグナティウスの母）をベルトラン・テ・オナズ（イグナティウスの父）に嫁がせた。リコナ家にとって、この結婚は、社会階層を上昇させる重要な方法であり、ロヨラ家にとっては、利益の出る事業でもあった。一六〇〇フローリンの持参金をもたらしたのはそのためである。

ここで問うべきは、イグナティウス・ロヨラの母方は、コンベルソの家系かどうかということである。マルティン・ガルシア・デ・リコナは商人であり、弁護士でもあった。当時のスペインの有力商人の多くはコンベルソであったため、もしこの事実だけから判断しても、ロヨラがコンベルソであった可能性は高い。だが、たとえそうであったとしても、ロヨラがバスクで生まれ育ったあいだに、それに気づいた可能性は少ない。この地方では、誰もが自分は旧キリスト教徒（先祖代々のキリスト教徒）だと思っていたからである。

イグナティウス・ロヨラは、スペインのバスクのロヨラ城に生まれた。ロヨラは、カスティーリャのコンベルソ共同体の人々と接触するうちに、彼らの境遇が自分と似ていることに気づき、自分自身もコンベルソであると思うようになっていった可能性は高い。しばしばロヨラは、イエスがユダヤ人だったので、自分自身もユダヤ人であればよかったと語ったが、一六世紀のスペインでは、これは旧キリスト教徒が語るような話ではなかった。そう考えると、ロヨラが成長するうちに、自分がコンベルソだと気づいていたことはほぼたしかだといえる。

ロヨラとコンベルソの関係がはじまったのは、一五〇六年のことであった。同年、彼はカスティーリャのアレバロに移動し、新キリスト教徒の商人と親しくなったからである。さらにこの年には、アレバロの近郊都市で、新キリスト教徒に対する異端審問がおこなわれたため裁判事件があり、それは、この地域で比較的裕福であったコンベルソ商人とも関係していた。

一五一七年、ロヨラはアレバロからナヘラへと移動した。ロヨラが親しくしたナヘラ公も、彼の叔父も、コンベルソと関係があった。この地でも明らかに、ロヨラはコンベルソと近づいていたのである。

やがてロヨラは軍人となり、各地を転戦した。一五二一年、パンプローナの戦いの際に砲弾が足に当たって負傷したため、ロヨラ城で療養生活を送ることを余儀なくされた。この療養生活中に、『黄金聖人伝』と『キリスト伝』を読み、聖地に赴いて非キリスト教徒を改宗させようと決心した。

2　イエズス会の発展

イエズス会の創設

ロヨラ城を出たロヨラは、一五二二～二三年にはバルセロナ近くのマンレサで隠遁生活を送った。洞穴の中で瞑想をしていたとき、イエス・キリストの姿を内的に見たと思った。一五四八年に出版された『霊操』（イエズス会の霊性修行、またその方法を記した書）の草稿は、マンレサで生活していたときに完成したとされる。

ロヨラは、スペインのアルカラ大学で学んだのち、一五二八年からパリ大学で学び、自身の考え方に共感する同志を探した。一五三四年、同志となったフランス出身のピエール・ファーヴル、スペインのバスク出身のフランシスコ・ザビエル、スペイン人のアルフォンソ・サルメロン、ディエゴ・ライネス、ニコラス・ボバディリャ、そしてポルトガル人のシモン・ロドリゲスとともにモンマルトルの丘に登り、自分の生涯を神にささげる誓いを立てた。これは「モンマルトルの誓い」と呼ばれる。

彼らの誓いは、「今後、七人は同じグループとして活動し、イェルサレムでの宣教と病院での奉仕を目標とする。あるいは教皇の望むところならどこへでも赴く」というものであった。要するに、彼らは教皇への絶対的服従を誓ったのであり、イエズス会は、このときにはじまったとされる。

ロヨラは元来軍人であったためか、彼が考えた組織は軍隊に似ていた。イエズス会が教皇の意を汲んで世界中で布教活動をし、規律を重んじたことは、その表れである。ロヨラはイエズス会の総長となり、一五四七年には『イエズス会会憲』、さらには『イエズス会規則』を作成し、イエズス会は、これらの規則によって統制される組織になった。イエズス会はまた、単なる布教集団ではなく、経済団体でもあり、武器を輸出する死の商人としても活動した。イエズス会はヨーロッパの軍事革命の成果をアジアに輸出した組織の一つであった。

コンベルソの役割

敬虔なカトリックの国であるスペインでは、何よりも「血の純潔」が重視されていたとされる。「血の純潔」とは要するに、旧キリスト教徒が尊ばれ、ユダヤ教からの改宗者、あるいはその子孫は社会のなかで、特定の職種から遮断され排除される存在だったということである。つまり新キリスト教徒は、カトリック教会のなかで公職につけなかったのである。

ところがパリ滞在中に、ロヨラと彼の仲間は、研究のためにコンベルソ商人の財政的援助を受けていた。それには、コンベルソと推測されるバルセロナのパトロンからの支援も含まれていたのである。さらにロヨラは、スペインのブルゴス出身の複数のコンベルソ商人とコンタクトをとるようになった。彼らは、当時の代表的な商業都市ブルッヘ（ブリュージュ）とアントウェルペン（アントワープ）の商業集団との関係が強かった人々であった。そしてこれらの商人は、イエズス会設立以降も支援者となったのである。このような、もともとロヨラやその仲間を支援してくれたコンベルソ商人との結びつきが、その後の宣教を支える商業活動にもつながったと考えるのが自然であろう。

先述のように、イエズス会創設時には、ロヨラを含め全部で七人のメンバーがいた。スペイン史家ケヴィンは、この七人のうち、ロヨラを除いても、ディエゴ・ライネス、ニコラス・ボバディリャがコンベルソであったことは公然の秘密であり、さらにロドリゲス、サルメロン、ザビエルもコンベルソだった可能性があるという。実際に、初期のイエズス会のエリートは新キリスト教徒で占められていた。したがって、イエズス会の宣教には、ユダヤ教徒の血をひく宣教師が少なからずいたのである。

少なくともロヨラの時代のイエズス会は、新キリスト教徒を構成員とすることで発展していった。ロヨラは、イエズス会はすべてのキリスト教徒に開かれた組織であるべきだと考えていた。ただ、その状況はロヨラが亡くなった直後こそ、コンベルソであるディエゴ・ライネスの第二代総長就任という形で引き継がれたが、次第に変化し、コンベルソは旧キリスト教徒との争いで勝てなくなっていった。しかし、もしロヨラがコンベルソを排斥していたなら、イエズス会の急速な発達はなかったと考えられる。「血の純潔」は、本来もっとも忠実なカトリック信者が集まるべきイエズス会により、否定されたといえよう。

3　ポルトガルのアジア進出

ヴァスコ・ダ・ガマからアフォンソ・デ・アルブケルケまで

一四九八年、ポルトガルがアジアへの進出を開始した。ヴァスコ・ダ・ガマの一行が、やっとのことでカリカット（コーリコード）に到達したのである。以後、ポルトガルはアジアへの進出を強める。ポルトガル国王のマヌエル一世は、一四九七～一五〇六年のあいだに合計八回、インドに遠征隊を送った。一五〇三年には、アフォンソ・デ・アルブケルケが率いた一一隻の艦隊が、カリカット軍に占領されたコチンの援助に向かい、カリカット軍を撃破し、クィロンに商館を建てた。

一五〇五年には、フランシスコ・デ・アルメイダが一五〇〇名の船員とともにポルトガルを出航し、インドでキルワを植民地化し、要塞を建てた。そしてアンジェディヴァ島、カナノール、コチンにも要塞をつくり、後続部隊がソファラに要塞を建設した。一五〇九年には、アルメイダがディウの海戦でイスラームのマムルーク朝艦隊を破り、ポルトガルのアラビア海支配は決定的になった。ディウは、ムスリム商人に残された最後のインド西岸の重要拠点だったのである。以降インド洋は、徐々にヨーロッパ人の海へと変貌していった。

さらにアルブケルケは、一五一〇年にはゴアを占領し、強固な要塞を建設した。以降ゴアは、ポルトガルのインドにおける拠点となった。

ポルトガルのアジア貿易にとっては、香辛料を産出する東南アジアのモルッカ諸島を占領することが何よりも重要な課題であった。というのも、宿敵スペインが太平洋経由でのモルッカ諸島到達を目指していたからである。アルブケルケは、一五一一年にマラッカ王国を滅ぼすことになる。

マラッカにアファモサ要塞を建てたアルブケルケは、一五一二年、モルッカ諸島に位置するテルナーテ島に到着した。また、モルッカ諸島の探検艦隊を派遣し、それはバンダ諸島に到着した。一五一五年には、ホルムズ島を完全攻略することに成功し、ポルトガルは、ホルムズ海峡（ペルシア湾）、ゴア、マラッカを一つの線でつなげることができたのである。

このようにして、ポルトガルはモルッカ諸島にまで到達した。それまでヨーロッパは、非常に長期間にわたり、香辛料を東南アジアから輸入していた。東南アジアからヨーロッパまでのルートの多くで、非ヨーロッパ船が使われていた。しかし、ここで初めて、ヨーロッパ人が直接香辛料を輸入できる可能性が生まれたのである。

これは、ヨーロッパの軍事革命の成果であった。そしてこの軍事革命の成果を巧みに利用したのが、イエズス会だったのである。

ポルトガル帝国とポルトガル商人

それまでヨーロッパとアジアとの結節点を担っていたのはイタリアだったたが、ポルトガルの擡頭によってその機能は大きく揺らいだ。両国の重要な違いは、東南アジアのモルッカ諸島からの香辛料を、アジアの船ではなく自国船で輸入したかどうかである。

ポルトガル帝国については、国家主導型の発展だとされてきた。しかし現在では、商人が自分で組織をつくり、商業圏を拡大していったという考え方が主流である。そのような研究の先頭に立つのがポルトガル人の歴史家アメリア・ポローニアであり、彼女の考え方は、多数の国で支持されている。すなわちポルトガルは、国家が対外的な進出の先頭に立ったことは疑いようがないが、同時に、それとは無関係に商人が自分たちで組織をつくり、ヨーロッパ外世界へと進出していったのである。

ポルトガルがアジアで占領したいくつもの地域が、やがてオランダ、さらにはイギリスの支配下に入ったのは事実である。そのためまもなくポルトガル帝国は衰退したのであり、ポルトガル人が活躍したのは短期間にすぎなかったと思われてきた。イギリスやオランダの東インド会社によって、ポルトガル国家はアジアから「追放された」とされてきたのである。

しかしながら、ポルトガル帝国が「商人の帝国」であるなら、たとえ領土を失っても、ポルトガル人は商業活動を続けることができたはずである。さらに、ドイツ人の歴史家ユルゲン・オースタハメルによれば、一九世紀初頭に至るまで、ペルシア湾からマカオまでの空間の共通語は、ポルトガル語であった。

ポルトガル人の商業活動は海洋帝国の衰退後も続いた。インド洋では、ムスリム商人、インド西部のグジャラート商人らが活躍しており、そのような異文化間交易の繁栄は、東南アジアにもあてはまった。ポルトガル商人は、このような多様な商人の一端を形成したにすぎない。だがヨーロッパ人にとっては、アジアへの進出は非常に重要なことであった。しかもヨーロッパの勢力は、だんだんと大きくなっていったのである。

東南アジアには、非常に多くの地域出身の商人がいた。まず、インド出身者を中心とするムスリム商人がいた。マジャパイト王国というヒンドゥー教王国や、仏教の王朝もあった。中国からは、華僑が東南アジアに移住していた。このような宗教の坩堝《るつぼ》ともいえる地域にポルトガル人が参入することは、それほど難しくはなかったであろう。少なくとも、地中海にアジア人が来ることと比較すると、じつに容易なことであったに違いない。

ポルトガルが西欧列強との競争に敗れて衰退したことはたしかだが、それが決定的なダメージを与えたわけではない。ポルトガルは、モルッカ諸島をめぐる争いでオランダに敗北したが、ポルトガル人はアジア人のネットワークのなかに深く入り込んでいくことができたのである。

その、ポルトガルの対外的進出を支えた人々は、新キリスト教徒、言い換えれば、コンベルソであった。しかし実際には、彼らの多くは、以前からの宗教であるユダヤ教を信じていたと思われる。もしそうでなければ、わざわざポルトガルからアジアまで赴く必要はないからである。

コンベルソ＝新キリスト教徒は、アジアにおける活動を急速に増大させていった。ポルトガル国王はゴアで異端審問をおこなったが、アジアのみならず他のポルトガル領においても、新キリスト教徒は増えていった。ポルトガル王室の権力とは関係なく、自発的なネットワークを利用して移住した人が多かったためである。インドに行けば本国にいるよりも金持ちになれると信じて、海を渡る人々は多く、そのなかには多数のコンベルソが含まれていた。彼らは、東インド会社などの特権商事会社の公的活動とは別に、自ら貿易を組織する私貿易商人として活躍したのである。

大西洋とアジアの統合

比較的最近までの研究では、ポルトガルは一七世紀中頃になると、貿易相手としてアジアではなく、ブラジルを重視するようになったといわれてきた。しかし現実には、この二地域の紐帯はむしろ強化されるようになっていたのである。具体的には、リマ、バイーア、ポルトベロ、カルタヘナ、セビーリャ、リスボン、アムステルダム、アントウェルペン、ゴア、カルカッタ（コルカタ）、マラッカ、マニラなどに血縁関係者が居住し、一つのネットワークを形成するようになっていた。

ハプスブルク家の支配下において、新キリスト教徒の貿易網は大西洋に広がり、ブラジル、ペルー、メキシコにおよんでいた。そして、そのネットワークが、ポルトガル人が住むマカオとマニラのネットワークと結びついたのである。ポルトガルの新キリスト教徒は、ヨーロッパ、大西洋、アジアを一つの貿易網として結合する点で、大きな役割を果たしたのである。

一六九〇年代にブラジルで金山が発見されると、リスボンの貿易が発展した。ポルトガルのイギリスとの貿易赤字は、ブラジルから輸入される金によって補塡されるようになり、この金は、一九世紀イギリスの金本位制にも大きく役立つことになる。また一六九二年に出された指令のため、ポルトガル船がインドからバイーアに立ち寄り、そしてブラジルからリスボンに帰国するようになった。一六九七〜一七一二年に、リスボンからアジアに向かった三九隻の船のうち二二隻が、バイーアに停泊してからリスボンに帰港している。ブラジルの金と交換するために、アジアでインド綿、中国製の陶磁器と絹が購入されたのである。

イタリア人の歴史家ジョルジオ・リエロの研究によると、ポルトガル人は、一五八〇年までに、インド綿を北アフリカとレヴァントに送るようになった。西アフリカにおいて、ポルトガル人は、インドのグジャラート、シンド州（現パキスタン）、カンバートで購入した低品質の織物を販売しはじめ、奴隷と交換した。奴隷の利益額は大きく、ブラジルでは、西アフリカで購入した五倍の、カリブ海とメキシコの市場では八倍の価格で売れた。奴隷貿易は、大きな利益の出る貿易であった。

それに対し綿は、東南アジアでは、香辛料を購入するための媒介として使用された。ポルトガル人は、金と象牙と引き換えに、西アフリカで、イングランドとフランドルのリネンを販売しはじめた。さらに一六世紀後半になると、ヨーロッパ人は、ヨーロッパとアジアの両方から西アフリカに布地を運ぶようになった。

このように、綿を基軸として、大西洋とインド洋、さらには東南アジアがつながったのである。それはおそらくゆるやかな絆でしかなかったが、ポルトガル船によって結ばれ、徐々にその紐帯が強くなっていったことに注目すべきである。対照的にアジアの商人は、喜望峰を越えてヨーロッパや大西洋に進出することはなかった。これは、ヨーロッパとアジアに決定的な差をもたらすことになった。

非常に重要なのは、一七世紀後半から一八世紀にかけ、アジア―ブラジル―アジアという直接交易が、国王の許可によりおこなわれるようになったことである。ブラジルには、金以外にもアジアで購入した商品を輸出していた。嗅ぎタバコと砂糖が、ゴアとマカオで売られたのである。一八世紀になっても、ポルトガル商人がアジアばかりか大西洋での貿易でも活躍していたのは、この二地域の海を結びつけていたことの証拠ともいえる。新キリスト教徒＝コンベルソは、アジアと新世界を結びつけたのである。

フランシスコ・ザビエル

フランシスコ・ザビエル（一五〇六～五二）は、スペインのナバラ王国のザビエル城に生まれた。姓が城の名前と同じという点では、ロヨラに似ている。一五二五年、ザビエルはパリ大学で学びはじめ、大学在学中の一五二九年にイグナティウス・ロヨラに出会った。それがザビエルの人生に大きな転換をもたら

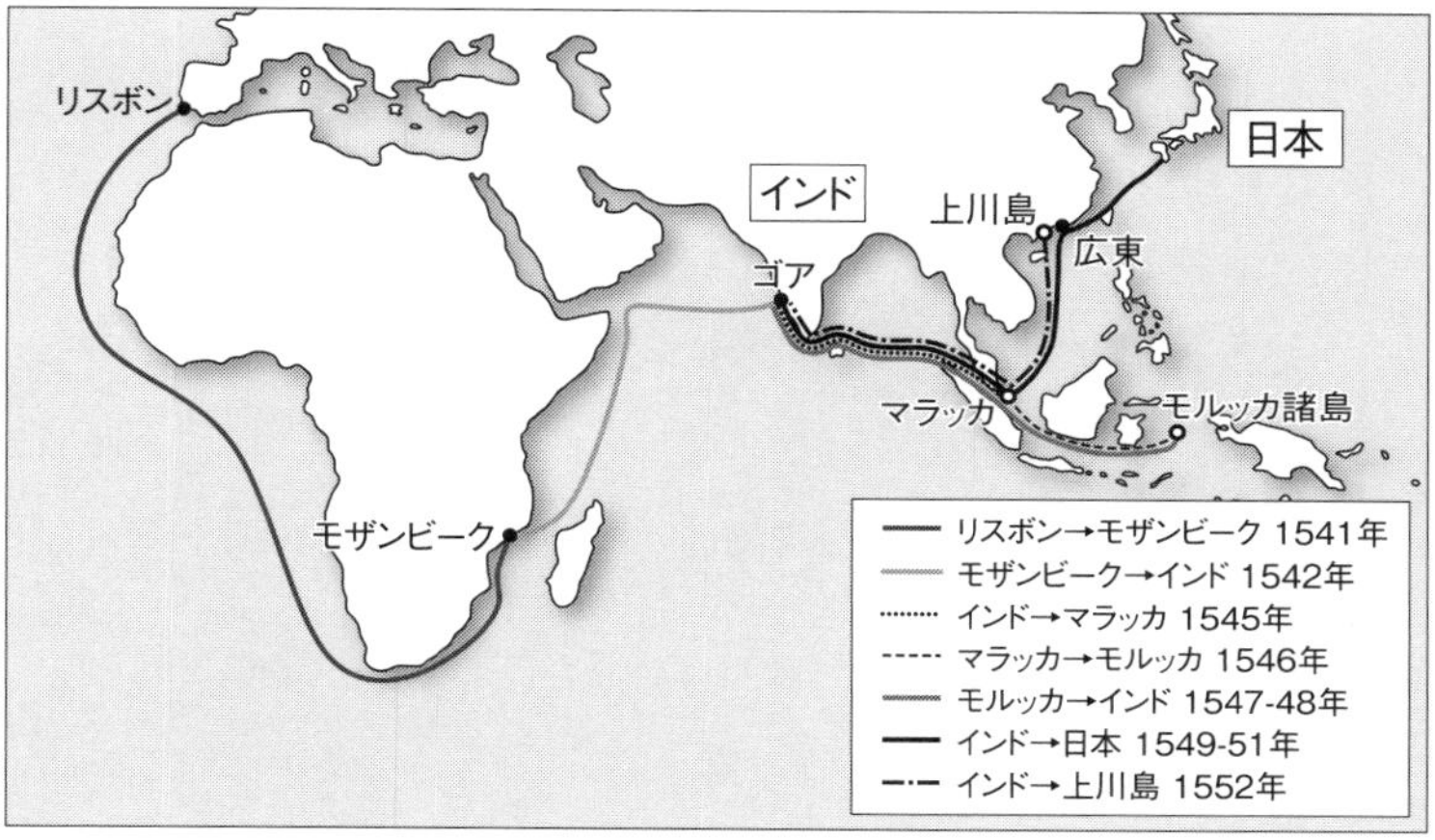

フランシスコ・ザビエルのアジアへのルート

し、イエズス会の結成に加わることになる。ケヴィン・イングラムによれば、彼もまたコンベルソであった可能性がある。アジアにいる方が、母国にいるよりも自由な社会生活が送れたのかもしれない。

やがてポルトガル国王ジョアン三世（在位一五二一～五七）から、ポルトガル植民地内の異教徒へキリスト教を布教する宣教師を派遣してほしいとの依頼があり、ロヨラはそのうちの一人として、フランシスコ・ザビエルを推薦したため、彼はアジアへと向かった。上の地図は、ザビエルのアジアへの航路を示したものである。ザビエルがこれほどの長距離を移動できたのは、アジア人が形成したネットワークをもてたポルトガルが開拓した軍事・商業ルートをそのまま使用したからである。ここから、ポルトガルの軍事的・商業的利害がイエズス会のそれと一致していたことがうかがえる。

ザビエルが、ポルトガルのアジアの拠点であったゴアに到着したのは、一五四二年のことであった。ザビエルはまず、インドのキリスト教化に尽力したが、それは成功したとはいえなかった。一五四五年には、東南アジア最大の貿易港であるマラッカに到着した。さらに東南アジアを旅したのち、マラッカに帰港したザビエルは、ここでアンジローという日本人に会う。彼の影響もあり、日本に行くことを決心した。

一五四九年、ザビエルはアンジローとともに鹿児島に到着した。ザビエルは薩摩藩主の島津貴久に謁見し、布教の許可を得る。翌一五五〇年には、平戸藩主松浦隆信に、山口で大内義隆に謁見し、一五五一年には京都に到着した。ザビエルは天皇に会って布教許可を取り付けようとしたが、戦乱の時代で天皇に実質的権限がないのを知り、京都を去り、山口を日本への布教の拠点とした。そもそも西日本は長期間にわたり海外と貿易をしていたので、外国からの文化流入に慣れていたのである。

ザビエルは一五五一年に日本を去り、トーレス神父とフェルナンデス修道士らに後を託した。ザビエルはマラッカを経て、一五五二年にインドのゴアに戻った。ザビエルはまず中国に布教しようとした。それに成功したら、中国の文化に多大な影響を受けていた日本人も改宗するだろうと考えたからである。しかし、鎖国状態にあった明代の中国に入国することはできなかった。一五五二年九月に広東省の海島である上川島に渡ったものの入国できず、病気のため、同年一二月に死去した。ザビエルの願いは、結局かなえられなかったのである。彼の遺体はゴアに送られ、そこで埋葬された。

イエズス会の軍事戦略

ポルトガルの世界進出において、イエズス会が果たした役割は大きく、その活動は、単に布教活動だけではなく、商業上の利益も追求していた。

軍事活動への介入が合法的なものであるという判断が、一五七五年にゴアで開催された「インド管区協議会」で認められているのである。アジアのキリスト教化と軍事的支配が同一視されたとまではいえないが、武器貿易による利益が否定されていたとも思われない。イエズス会は、一五九〇年頃には、長崎に大砲などの武器を装備して、この地を軍事要塞化していたとさえいわれている。

日本においては、戦国時代に武器を供給する――重要な商業活動――ことで日本の統一に寄与した。マラッカと中国、日本を結ぶ貿易ルートは、ポルトガル商人にとってもっとも利益の出るルートであり、当初は密輸であったが、ポルトガル商人が、その後一世紀間にわたってこのルートを独占することになる。さらに、マカオ―日本間のルートでも、ポルトガル商人が活躍した。アジアでの貿易は密貿易が多かったが、イエズス会はそれに従事して利益を得たのである。

イエズス会がどのような戦略をもって世界的活動をしていたのかということに対して、明確な答えを出すことは不可能である。ただ最近は、イエズス会にとって布教だけではなく、経済的に利益をあげることが重要だったということが主張されるようになっている。イエズス会は、布教、経済的利益、さらに国土の征服を担った組織であったというべきであろう。

イエズス会はまた、ナウ船（キャラック船）を使い、おそらく武器をマカオから日本に輸出し、キリシタン大名に提供した。イエズス会は、日本に対して、ヨーロッパ製の武器を調達する「死の商人」として活躍した。さらには武器貿易にとどまらず、一五八〇年代後半になると、日本準管区長であったガスパル・コエリョが、有馬晴信の領土にある城砦に大砲を配備するようになった。さらに長崎を軍事要塞化して、長崎を中心としたキリスト教世界の平和を、軍事力によって維持しようとした。したがって日本の為政者が、イエズス会が日本を征服しようとしているのだと考えたとしても、不思議ではなかったのである。

日本に銃器をもたらしたのも、イエズス会であった。一般に一五四三年に種子島に初めて火縄銃（マスケット銃）がもちこまれ、そこから日本全体に鉄砲が行き渡るようになったとされているが、これが本当に正しいかどうか、最近では疑問視されている。たとえば、倭寇によって鉄砲が伝来したという説もあるが、この二つの説は、じつは矛盾しない。

イエズス会が武器貿易によって巨額の利益を得ていたことから、倭寇が使用していた鉄砲は、イエズス会がもたらしたものであったと推測できる。

どのようなルートをたどって、日本に鉄砲がもちこまれたかは、おそらく今後も正確なことはわからないであろう。確実なのは、それにはイエズス会が大きく関係していたということである。仮に種子島に最初に鉄砲が伝来したとしても、それは偶然にすぎず、その伝来はイエズス会と関係したものであったということは必然だったのである。

コンベルソのネットワーク拡大

コンベルソは、東南アジアにとどまったわけではなかった。ルシオ・デ・ソウザの研究によれば、セファルディム（ここではコンベルソと同義）は日本にまでやってきた。コンベルソは大西洋と同様、インド洋から東南アジアにかけて、さらには東アジアの日本との貿易にも従事していた。ここでは、デ・ソウザの研究にもとづき、コンベルソが東南アジアから東アジアにかけて、どのような貿易活動をしていたのか、追ってみたい。

デ・ソウザは、一五四三〜一六六〇年にアジアで活躍した一一〇名のコンベルソについて研究した。このうち職業が判明している者は七六名で、その八五パーセントが貿易商人であった。コンベルソのうち大半は、ポルトガル系であるが、商人は、あまり異端審問の犠牲にはならなかったようである。

セファルディムが中国の史料にあらわれたのは、一六世紀後半のことであった。それは、マカオでシナゴーグ（会堂）を建設するために、中国当局からの許可を得るための交渉が開始されたときのことであった。マカオでは、ユダヤ人の血をひくバルトロメウ・ランデリオという人物が非常に大きな商業ネットワークを形成しており、しかも彼は、そのためにイエズス会と協力したのである。ランデリオは、マカオを中心として商業ネットワークを拡大させ、そのネットワークは、東南アジアだけではなく、インドや中国、さらには日本にまでおよんだ。

一五八三年には、マカオの商人が、ランデリオの船で、商品を日本に運んだ。ランデリオは、マカオ―マニラルートを開設した。翌年、彼はさらにマカオからマニラまで航海した。さらに彼の甥のヴィンセント・ランデリオは、平戸を最終目的地とするマニラ―日本ルートを開拓したのである。

一五八〇年頃から、ポルトガル人は、日本から毎年二〇トン程度の銀を輸出していたと推測されている。ポルトガル人は、中国で購入した生糸・絹織物を積載して日本に来航し、これらの商品を銀（石見銀）に換えて東南アジアで香辛料を購入するという中継貿易に従事していた。いうまでもなく、このポルトガル人の多くは、イエズス会士ないしその関係者であった可能性が高い。

マカオとフィリピンが結ばれると、フィリピン諸島は、アジアに定住したポルトガル商人の重要な経済拠点になった。一五八三～一六四二年に、ポルトガル船ないしポルトガル人を船長とする二七一隻の船がフィリピンまで航海した。その船のほとんどはインド、東南アジア、中国などの地域から来たものであり、そこで活動した人々は、おそらく新キリスト教徒＝コンベルソであった。

新世界に目をやると、スペイン領新大陸にコンベルソが到着したことは、大きな衝撃を与えた。メキシコ市、アカプルコ、リマのような主要な商業拠点が変貌し、ポルトガルがスペインに併合されたこともあり、これらの地域とアジアにおけるポルトガル経済の拠点が結びつけられたのである。コンベルソのネットワークは、日本からマカオへ、そして新世界へと結びついたのである。

長崎に居住した人々のなかには、セファルディムもいたかもしれない。むろん、彼らはユダヤ教徒ではなく、カトリックを信じるふりをする隠れユダヤ人であった。彼らは、一六三九年にポルトガル人が出島から追放されるまでは、日本にいたようである。

マカオにはユダヤ人共同体があったが、それは公表できないことであった。明らかなことは、一五七九年の時点で、そこにはポルトガル出身の六〇〇の家系があり、そのうち半分がコンベルソだったことである。

コンベルソは、イベリア半島から追放されたディアスポラの民である。彼らは、追放されたがゆえにアジアに住みつき、イエズス会と協調し、商業活動をおこなった。イエズス会もまた、彼らのネットワークを利用し、活動領域を拡大した。イエズス会とコンベルソの活動は、表裏一体の関係にあったといえよう。

おわりに

ディアスポラの民として、イエズス会士を取り上げることに、違和感を覚える読者もいるかもしれない。

しかし一五世紀末にイベリア半島から追放された人々のなかにはコンベルソが含まれており、彼らがイエズス会士として活躍していた。したがってイエズス会士をディアスポラの民に入れることは、決して不自然ではない。

コンベルソは商人として有能であり、イエズス会は、そのネットワークを利用して、勢力を拡大していった。本章ではアジアを中心に論じたが、同じようなことは、新世界での布教にもあてはまったと考えられる。

イエズス会の創設にかかわった人たちのほとんどは、コンベルソであった可能性がある。一四九二年にユダヤ人が追放されると、コンベルソは名目上カトリックであるため、スペイン国内では保護される存在となったが、完全にカトリック化した社会に生きづらさを感じた人々のなかには、海外で生きる道を模索した人たちもいたはずである。

それに適した空間を提供したのが、イエズス会であった。彼らはコンベルソのネットワークを利用して信者を獲得した。コンベルソを教団内部に招きいれることで、イエズス会士の数は増大し、活動領域は拡大した。コンベルソとイエズス会は、相互依存関係にあり、しかもイエズス会は、武器貿易で多額の利益をあげていたのである。

イエズス会士の来日は、このような文脈において考えるべきことなのである。彼らは布教を重要な目的としつつも、商業活動や武器輸出での利益を獲得しようとした。イエズス会は、決して純粋なカトリック集団でも、完全に布教に特化した団体でもなかった。イエズス会は、当時のヨーロッパの海外進出の縮図ともいうべきものを、提示しているのである。

第三章　商業情報の発展

アントウェルペン商人のディアスポラ

宗教戦争によって、ヨーロッパはたしかに大きく混乱したが、この時代にヨーロッパ経済が発展したことも事実である。ここでは、その理由について論じてみたい。

ヨーロッパは、商業情報の獲得、流通という点でも他地域より圧倒的にすぐれており、長期的に見れば、その経済システム・商業システムを世界全土に拡大することにより、世界経済をヨーロッパ化することに成功した。換言すれば、世界経済はヨーロッパで生み出されたシステムのもとで機能することになったのである。一六世紀の世界にはいくつもの経済圏があったが、ヨーロッパで生まれた広大な経済圏が他地域の世界経済を統合し、やがて世界全体を覆う世界経済が生まれたのである。

そのような社会の出発点は、具体的にはアントウェルペン商人のディアスポラに求められる。一六世紀前半の西欧経済の中心都市はアントウェルペンであり、そこから生まれた同質性のある商業空間が拡大していったのである。

これについて、一六世紀前半であれば、イタリア諸都市の方が経済水準が高かったという批判が出てくるであろう。実際、その通りかもしれないが、イタリアのシステムは、決してそのまま近代のヨーロッパの世界覇権へとつながったわけではない。イタリアは没落していったのである。

それに対し、アントウェルペンで生まれた商業システムは、アムステルダム（オランダ）に受け継がれ、やがて世界中を覆うようになった。このようなシステムを開始したオランダこそ、世界最初のヘゲモニー国家（圧倒的な経済力をもつ国）とみなされるのである。

本章では、「アントウェルペン商人のディアスポラ」を契機として、どのようにして近代世界システムが誕生し、西欧になぜ商業情報がスムーズに伝わる社会が誕生したのかを見ていくことにしたい。オランダのヘゲモニーがなぜ誕生したのか、「情報」をキーワードとしてヨーロッパ内部の要因から探究することが、本章の課題となる。

アントウェルペンの役割と特徴

中世の北ヨーロッパの中心となる市場は、「中世の世界市場」と呼ばれたブルッへであったが、そのあとを継いだのが、アントウェルペンである。ブルッへは、フランドル（オランダ、ベルギーとフランスの一部）製の毛織物を輸出する市場であった。それゆえ、アントウェルペンがイングランドと結びつくことは、ヨーロッパで新しい経済構造が誕生したことを意味した。アントウェルペンはいわば、「近世の世界市場」となったのである。

中世のイングランドは羊毛の輸出国として知られていたが、一六世紀初頭から中頃にかけ、未完成の毛織物の輸出国に変わる。そのためイングランドの経済的地位は、ここで一段と上昇した。イングランド産の毛織物は、ほとんどがアントウェルペンに輸出された。アントウェルペンの擡頭は、イングランドの毛織物輸出と切っても切り離せない関係にあった。

アントウェルペンで活躍したのは、ドイツのケルン商人、さらに高地ドイツ人、ポルトガル人、そしてイングランド人であった。さらにアントウェルペンには、リスボンを経由してアジアの産品が流入した。ブルッヘからアントウェルペンへと北ヨーロッパ市場の中心が変化したことが、ヨーロッパ市場の規模拡大を示すことは、ここからも明らかである。

一二〜一三世紀は、フランス北東部のシャンパーニュで大市が栄え、毎年六回開催された。それに対してアントウェルペンの取引所では、毎日のように取引がおこなわれた。これは、年に数回開催される大市では、もはや商品流通量の増大に対応できなかったためだと考えられる。それはヨーロッパの経済の現実の姿の反映であり、その中心にアントウェルペンが位置したのである。

1　アントウェルペンからアムステルダムへ

アントウェルペン商人のディアスポラ

アントウェルペンは、オランダ独立戦争中の一五八五年に、スペイン軍によって陥落した。これ以降、アントウェルペンで商業に従事していた商人が各地に移住する現象に注意が向けられた。ベルギーの歴史家ブリュレは、これを「アントウェルペン商人のディアスポラ」と名づけた。だが、オランダ人オスカー・ヘルデルプロムの研究により、すでに一五四〇年代からアントウェルペンからアムステルダムへの移民がいたことが明らかになっている。

しかもアントウェルペン商人は、ロンドンにもしばしば訪れていた。二都市の商人の移動が活発でなければ、ロンドンからアントウェルペンへの毛織物輸出は不可能だったはずである。

一六〇〇年頃になると、アントウェルペンからハンブルクへと移住する商人が増え、その中核をなしたのはアントウェルペン商人であった。さらにアントウェルペンには、イベリア系ユダヤ人のセファルディムも移住してきた。またアントウェルペンは、歴史家によって「ジェノヴァ人の世紀」（一五五七〜一六二七）と呼ばれる全盛期を迎えたジェノヴァとの商業関係も密接であった。

イングランドの毛織物輸出をほぼ独占していたマーチャント・アドヴェンチャラーズ（冒険商人組合）の指定市場（輸出先として決められた都市）が一五六七年にアントウェルペンからハンブルクに移ったときも、アントウェルペンの有名な商家が、ハンブルクにまで移動していた。またハンブルク商人も、アントウェルペンまで出かけて商業に従事していた。つまり市場の場所が変わっても、イングランドの取引相手は、じつはあまり変わらなかったと考えられるのである。

したがって、マーチャント・アドヴェンチャラーズの指定市場の移動が、商人のネットワークに変化をおよぼしたとは思われないのである。むしろ、北西ヨーロッパ商人のネットワークの拡大とみなすべきであり、これも、「アントウェルペン商人のディアスポラ」の一部とみなせよう。

これまでの研究では、取引都市が変わると、大きな商業構造の転換があったと想定されてきた。しかし、じつは取引する商人は同じであり、現実には商業構造の転換とはいえないことが多かったように思われる。

このことは、ヨーロッパの貿易構造とも大きく関係している。近世ヨーロッパの貿易では、ある貿易港が衰退しても、別の貿易港がその代替港として活躍することが多かった。この時代は商人の流動性が高く、彼らがやすやすと国境を越えて別の貿易都市に移住することは、よくあったのである。そのような構造を利用して、ディアスポラの民はさまざまな場所に移動した。だからこそ、ある貿易都市が戦争により被害を受けても、商人は別の貿易都市に移り住んで商業を継続することができたのである。それが、戦争があったにもかかわらずヨーロッパ経済が成長した大きな理由であった。

アントウェルペン商人が、アムステルダムの発展に大きな貢献をしたことは間違いない。「アントウェルペン商人のディアスポラ」は、北ヨーロッパの経済発展に大きく寄与した。彼らの商業技術・ノウハウ、さらには商人ネットワークが、他地域の商人にも使えるようになったからである。

アムステルダム商人の移住

アムステルダムは、人口流動性がきわめて高い都市であった。一六世紀後半においてアムステルダム生まれの商人は少なく、取引の多くは、他の都市出身者によってなされていた。南ネーデルラントやドイツを中心とするとはいえ、さまざまな地域出身の商人が同市での取引に従事した。また彼らのなかには、アムステルダムで商業を営んだのち、他地域に移動したものもいた。現在のベルギーに位置するリエージュ出身で、アムステルダムに移動し、たった三年間だけ同市に滞在し、さらにストックホルムに渡って鉄工業の父と呼ばれたルイ・ド・イェールは、その代表例である。

商人がアムステルダムに一時的ないし数世代にわたって滞在し、その後別の地域に移動したことも多かった。つまりこの都市を通して数多くの商業技術・ノウハウが流れたと考えられる。近世アムステルダム最大の機能の一つは、まさにこの点にあった。

アントウェルペンとアムステルダムの最大の差異は、基本的に後者の商業規模が圧倒的に大きかった点にある。歴史家フィリップ・ブロームによって、「最初の世界的取引所」と呼ばれたオランダ東インド会社のヨーロッパの根拠地がアムステルダムにあったことからもわかるように、アムステルダムは世界に開かれた商業都市であった。アントウェルペンの商業規模は、それと比較するとはるかに小さかった。アムステルダムの取引相手地域は、それこそ全世界におよんだ。一六〇二年には連合（オランダ）東インド会社が、一六二一年には西インド会社が創設されたことがそれを証明しよう。

情報中継都市としてのアムステルダム

オランダ史家クレ・レスハーは、アムステルダムは情報のみならず重要なニュースのステープル（貯蔵庫）であったと述べる。アムステルダムを通じて、情報やニュースが各地に伝播したというのである。

通常、商品の貯蔵には巨大な空間が必要である。しかし無形財である情報の貯蔵には、大きなスペースはいらないので、アムステルダムは「情報のステープル」になることができた。しかしまた、情報という財は、アムステルダムにとどまることなく、他地域にもそのままないしは加工して輸出されることになった。アムステルダムは、商業情報の中心にもなったのである。それがなぜ可能になったのか。

アムステルダムは、近世のヨーロッパ都市としては驚くほど宗教的寛容性に富んでいた。オランダはカルヴァン派の国家でありカトリックに敵対的であったが、宗教的には他国よりもはるかに寛容であった。一五七九年のユトレヒト同盟（ネーデルラント北部七州の対スペイン軍事同盟）結成時に、「何人《なんぴと》も宗教的理由で迫害されることも、審問されることもない」と決められていたからで、その代表がアムステルダムであった。たとえばこの都市は、ヨーロッパ最大のセファルディム居住地であった。これは、「禁止は最少に、導入はどこからでも」というオランダ人の商業上の原則のおかげである。

アムステルダムにはさまざまな出身地・宗派の商人が移住してきた。場合によっては、彼らは出身地と緊密な関係を築いたため、出身地の商業情報が比較的容易に入手できた。

つまり、多様なバックグラウンドをもつ商人が、アムステルダムの取引所で取引に従事したのである。プロテスタント商人とカトリック商人、場合によってはユダヤ人、さらにはアルメニア人までもがアムステルダムという狭い空間で商業活動をした。アムステルダムこそ、ヨーロッパの商業情報の中核であり、このような場所は、一八世紀になってもヨーロッパのどこにも存在しなかった。アムステルダムを通じて、ヨーロッパのさまざまな宗教・宗派に属する商人の取引が可能になったと考えるべきであろう。

2　情報とグーテンベルク革命

グーテンベルク革命

人類は、数千年前から文字を使うようになったが、発話との決定的な違いは、情報の蓄積にある。ありとあらゆる事件や出来事が記録されるはずもないが、記録として残されたものは、記憶として残される範囲よりも大きく広がることになった。

一五世紀のドイツでグーテンベルクが活版印刷術を改良したことにより、徐々にではあるが、文字はかぎられた人だけが読むものではなく一般の人々が読むものに変わっていった。歴史家はこれを、「グーテンベルク革命」と呼ぶ。この革命により、たとえ少しずつではあっても、知識は少数の人が独占するものではなくなっていった。文字という情報は、独占された財ではなく、一般の人々が有する財へと転換した。

誰でも入手可能な商業情報

活版印刷術の発展は、宗教改革だけではなく、より世俗的な面にも大きな影響をおよぼした。商業の世界に与えた影響も、きわめて大きかった。

商人は、自らが所有する商品に関する情報が他の人々のそれよりもすぐれていると判断するからこそ、市場に参入する。重要なのは、商人がそのように主観的に考えるということであるが、もちろん商人の判断それ自体が正しいとはかぎらない。いつも正しいとすれば、破産する商人など存在しない。

経済成長のためには市場の成長が欠かせないが、もし、市場で商業活動を営むための情報が不足していたとすれば、市場の存在そのものが危うくなる。専門家が情報を独占していたならば、市場に参入する人はいなくなり、経済活動そのものが崩壊してしまう。したがって市場の発展による経済成長のためには、情報の非対称性の少ない社会の誕生が必要とされる。

近世のヨーロッパでは、比較的同質性の高い商業情報が多くの人々に共有される社会が形成され、そのために経済成長が促進された。商人が、比較的容易に市場に参入できる社会が形成されていったのである。もっと簡単にいえば、誰もが安価に商業情報を入手して、企業活動をおこなえる社会となったのである。

市場参入が容易な社会の誕生

商業情報そのものに大きな価値があったことはいうまでもないが、なかなか正確な情報を入手できない近世社会において、商人に正確な情報を提供する手段が、グーテンベルクによって改良された、活版印刷術であった。活版印刷の導入以前には、手紙でしか知られなかった商業情報が、広く社会に伝わるようになり、誰でも、必要な商業情報が安価に入手できるようになった。そのため、市場への参入が容易な社会が生まれたのである。

この時代のヨーロッパの特徴として、ヨーロッパ外世界への拡大があった。ヨーロッパ各国が、そしてさまざまな地域の商人が、ヨーロッパ外世界へと出かけていった。そしてヨーロッパ外世界の商業情報が、商人によってもたらされただけではなく、ヨーロッパ商業の情報も、ヨーロッパ外世界へともたらされたのである。

ヨーロッパ商人は、ヨーロッパの内部においても、外部においても、宗派や宗教の異なる商人間での取引をしなければならなかった。宗教改革の影響により、西欧は大きく見ればカトリック圏とプロテスタント圏に分かれ、プロテスタント圏はさらに細かな分派に分かれた。さらにヨーロッパ外世界では、イスラーム教徒、ヒンドゥー教徒、仏教徒らの商人と取引する必要があった。その宗派や宗教が異なる人々が取引するのを容易にしたものの一つに、グーテンベルクによる活版印刷によって可能になった、『商売の手引』――商業全般に関する事典のようなもの――の出版があった。

3　グーテンベルク革命の影響

商売の手引

イタリア史研究者の森新太によれば、『商売の手引』は、ヨーロッパ商業が、一二世紀頃に「遍歴型」から「定着型」へと変化するときに作成された。

定着型の商業においては、商人たちは本拠地となる都市に定住し、各地に派遣した代理人や支店と郵便網を介した連絡や情報の収集を通じて活動に従事していた。彼らの活動領域は広範囲化し、多角化したため、各市場の情報や商品に関する知識、商業技術という点で精通すべき内容は非常に膨大かつ多岐にわたるものとなった。

　このような商人たちは、遠隔地との手紙の交換や情報の記録といった必要性から、読み書き能力を重要視し、また習得していくようになる。彼らはそうして身につけた読み書き能力を用いて、日々変動する経済状況に応じて更新される情報や活動の記録を書き残すようになった。このような情報をまとめたのが、いわば『商売の手引』なのである。

『商売の手引』は、一三世紀後半のトスカナとヴェネツィアで作成されはじめた。当時のイタリアが、ヨーロッパ商業の先進地帯であったためである。

　森新太は、Zibaldone Da Canal と呼ばれる史料を取り上げており、その大半は一四世紀に編纂されたものだとして、以下のように述べる。


　この『手引』の特徴的な点として、まず商業に直接関係しないものも含めて、非常に多岐にわたっている内容構成が挙げられる。全体の約四割が各市場の解説を含む商業の情報であり、三割弱ほどが算術指南に当てられており、これらを合わせた三分の二ほどがいわば「商人的内容」となっている。残る部分は、文学作品の写しや、ヴェネツィアの短い年代記といった文学的な記述や、占星術、薬草学、そして十戒などが含まれる教訓的な記述といった、いわば教養的な内容が占めており、最後にラテン語による習字の練習と思われる一五世紀の記述が加わる形である。（森新太「ヴェネツィア商人たちの『商売の手引』」『パブリック・ヒストリー』）

　ここに見られるように、『商売の手引』には、商業情報や計算方法といった商人の生活に必要な事柄と、商人として必要な教養が書かれていた。おそらくこのようなタイプのものからはじまり、多様な形態の『商売の手引』が書かれたものと推測される。しかしその中核になったのは、商人として活動するために必要な情報だっただろう。

国際貿易商人の活動が活発になり、取引量が増え、取引のためのスピードが上がれば、情報は増え、情報の流通速度は上昇する。それどころか、同じような商業技術をもつ商人が活動することで、情報が同質になっていくため、より取引がしやすい社会が誕生することになる。グーテンベルク革命は、それにも寄与したといえるのである。

『完全なる商人』への道

イタリア中世史家として名高い大黒俊二《おおぐろしゅんじ》によれば、イタリアではじまった『商売の手引』は、一六世紀以降になると全ヨーロッパに拡大し、一八世紀に至るまで、途切れることのない伝統を形作った。

一五世紀のイタリア人ベネデット・コトルリの『商業技術の書』は、全編が商業・商人論といってよい。商業とは、「きわめて有益であるばかりか、人間の統治にも必要欠くべからざるものであり、したがっていとも高貴なもの」であった。この当時、ラテン語は必ずしも不可欠な教養ではなかったものの、コトルリは、ラテン語は商人に不可欠な前提であるといい、人文主義的な教養が必要だとしたのである。

また一七世紀中頃に、イタリア人ジョヴァンニ・ドメニコ・ペリが著した『商人』においても、ラテン語は必須の知識とされた。この書には、商品、貨幣、税、商習慣までも書かれていた。「もし商業がなければ、人類は絶滅しないまでも減少し、生活は厳しく辛いものとなり、文明は野蛮化するであろう。それゆえ商業は、人類の生存にとって必要不可欠なものである。そして、国際貿易、大資本、金融業の三つの条件を備えてはじめて『真の商人』となれる」としたのである。

さらに、商売の手引の頂点となったのは、フランス人のジャック・サヴァリの手になる『完全なる商人』である。同書は、内容の豊かさからいっても流布した範囲や影響力の大きさにおいても、他の商売の手引とは比較できないほど重要で、一六七五年から一八〇〇年に至るまで、一一回の版を重ね、各地でさまざまな言語の複製版がつくられた。たとえば、一七五五年に出版された、イギリス人マラキ・ポスルウェイトの『一般商業事典』は、『完全なる商人』の翻訳だとされる。

もとより著作権なる概念がなかった時代なので、正確な翻訳が作成されたわけではなく、各地の事情を考慮した改訂が施されていることが多い。したがってむしろ、翻案といった方が正確な表現となろう。またこのような大部な書物は必ずしも実用的でなかったため、より小型の書物が作成されることになった。『完全なる商人』では、人文主義的な商人教育観はすっかり影を潜め、実践に即した教育が中心になる。サヴァリによって、イタリアからフランスへと『商売の手引』の伝統が移しかえられたことで、『商売の手引』は大きく発展することになった。

商業拠点の移動と手引

一六世紀になると、『商売の手引』は、商業拠点の移動とともにアルプスを越え、アントウェルペン、アムステルダム、ロンドンなどでも作成されるようになった。中世においては手書きであり、商人の覚書の域をあまり出ていなかったのが、グーテンベルク革命によって活版印刷がおこなわれるようになると、多くの商人がその手引を利用するようになった。

『商売の手引』は、(国際)商業のマニュアル化を促進した。どのような土地であれ、同じようなマニュアルに従って教育された商人であれば、同じような商業習慣に従って行動したため、取引はより円滑に運んだのである。さらに商業帳簿・通信文・契約書類などの形式が整えられていき、取引はより容易になった。なおかつ契約書類は、手書きから印刷物に変わり、商人はそれにサインするだけで済む場合も出てきた。商人はさまざまな言語を習得しなければならなかったが、商業に関連する書類の形式が決まってさえいれば、学習はより簡単になる。比較的少数の商業用語を習得すれば、他地域の商人と取引することが可能になった。

忘れてはならないのは、このような手引は、やがてカトリック商人、プロテスタント商人、さらにはおそらくユダヤ商人を問わず読まれるようになったことである。そのために、ヨーロッパ全体での商業取引が円滑におこなわれるようになったと考えられる。異なる宗派に属する商人の取引が容易になり、取引コストが低下し、経済成長につながったのである。換言すれば、異文化間交易が容易な社会が誕生したのである。

今日《こんにち》の研究では、ヨーロッパの商人は、たしかに同一宗派との取引も多かったが、宗派の違う商人同士の取引もなされていたことがわかっている。グーテンベルク革命によって、ヨーロッパ市場は、近世のあいだに徐々に統合されていったと推測されるのである。

商業新聞と価格表

また、情報の集積・伝播についても、ヨーロッパ社会、とりわけ北ヨーロッパにはさらに注目すべき現象があった。商品と価格に関する情報が印刷され、それが当初は一年に四回発行されていたのが、一週間に一回、やがて一週間に二回になったのである。もともとイタリアではじまったこのような商業新聞は、北ヨーロッパにも広まり、一六世紀前半にはアントウェルペンが、一七世紀初頭から一八世紀初頭にはアムステルダムが、一八世紀初頭からの二世紀間はロンドンが支配的になった。

アントウェルペンでは他都市に先駆けて取引所（bourse）がつくられ、さらに取引所における商品の価格を記した「価格表」が作成された。当初、「価格表」は手書きであったが、徐々に印刷されたものに変わっていく。もちろんグーテンベルク革命の影響である。この「価格表」はヨーロッパのあちこちに広まっていった。商業新聞と「価格表」は安価に購入することが可能であり、商人が市場に参入する大きな手助けになった。

「価格表」に書かれているのは、取引所で取引された商品の名称とその価格だと考えてよい。ジョン・マカスカーとコラ・グラーフェステインの研究によって、ヨーロッパ全体で、このような「価格表」が少なくとも三三の都市で発行されたことが確認されている。西欧に関しては、重要な都市の商品価格はすべてわかっており、しかもそれは、比較的安価な価格で、誰でも購入できた。人々は、西欧のあちこちの市場でどのような商品がどのくらいの価格で取引されているのか、よくわかるようになっていった。

このように近世の西欧では、情報優位者（専門家）と劣位者（素人）がもっている情報量の差がなくなっていった。多くの人々が商業活動に参加しやすい社会が誕生し、国境を越えて商業情報が広まったのである。これも、グーテンベルク革命がもたらした大きな成果であった。

4　ヘゲモニーと情報の関係

活版印刷の普及

ヨーロッパで活版印刷が生まれたのは一五世紀のドイツだったが、一七世紀から書物の生産の中心となったのはオランダであった。オランダは、そもそも宗教的に寛容な国であり、他の国なら出版できないような内容の書物であっても、出版することができた。そのために、たとえばロンドンで出版された場合でも、出版地をオランダのアムステルダムとすることもあった。

遅くとも一六世紀末には、アムステルダムはヨーロッパ商業の中心となっていた。アムステルダムの取引所で取引された商品の名前と価格が印刷された「価格表」が作成され、比較的安価に提供された。したがって西欧の商人は、アムステルダムの商業動向を比較的容易に知ることができたのである。そのためにアムステルダム商業は、西欧全体の商業に大きな影響をおよぼすことができた。アムステルダムで活版印刷が発展しなければ、そのようなことは考えられなかった。

一六世紀後半から一七世紀前半にかけてオランダがヘゲモニー国家になったのは、これらの事実と大きく関係している。すなわち活版印刷が普及し、アムステルダムが商業情報の中心となったことで、オランダはヘゲモニー国家になったのである。西欧の多数の地域は、アムステルダムから発信される情報を使わざるを得なかった。

情報都市アムステルダム

一七世紀には、ヨーロッパ商業の中心地はアムステルダムになった。アムステルダムのもっとも重要な機能は、商品の流通と情報の集約・発信地という点にあった。

アントウェルペンにはジェノヴァの商業技術が受け継がれていたので、ジェノヴァ→アントウェルペン→アムステルダムと、商業技術の伝播があった。さらに、実際にアントウェルペンで活発に取引をしていたのは、ケルン商人などの外国商人であったことから、アムステルダムが、ハンザの商業技術を導入した可能性が高かったことがわかる。アムステルダム市場は、このような商業関係のなかで成立したのである。

オランダやアムステルダムにとって何よりも商業活動が重要だったため、商人たちは、少なくとも同時代の他地域と比較すれば、より多くの経済活動の自由を得ることができた。アムステルダムを通じて、ヨーロッパのさまざまな宗教・宗派に属する商人の取引が可能になったと考えるべきであろう。そして多種多様な商人の商業技術がこの都市に蓄積された。

その商業技術は、商人がアムステルダムから移動することによって、必ずしもアムステルダムないしオランダにとどまることなく、他国に輸出された。ヨーロッパ、とくにアムステルダムでは、情報の伝達形式が、「発話」から手書き、そして「印刷」という形式に変わっていったため、比較的自由に情報が伝達され、情報の確実性は急速に増大していった。アムステルダムは、ヨーロッパの出版の中心であり、情報センターになったのである。

近世には、大量の植民地物産（砂糖・タバコ・コーヒー・砂糖・香辛料など）が新世界やアジアからヨーロッパに流入した。すでにアジアからヨーロッパに輸入されていた商品ではあったが、その規模は大きく拡大する。それに対し、新世界の物産は、ヨーロッパ人には初めてのものばかりであり、ヨーロッパ諸都市は、商品の価格を掲載した価格表を発行し、商業新聞を出した。その拠点となったのが、アムステルダムだったのである。

アムステルダム市場の価格動向は、他のどの市場よりも重要であった。それが、価格表によって他の地域にも伝えられたのである。各地の商人は、価格表の情報を欲しがり、価格表に記載されているデータは「公的」な性質を帯びるようになっていった。

さらに商人は、取引する商品の品質について、商業書簡を用いて伝達した。それを支えたのが、ヨーロッパ全土に広がる商人の私的なネットワークであった。

この時代のヘゲモニー国家はオランダであり、オランダの都市アムステルダムは、ヨーロッパ経済の中心都市として機能した。そのアムステルダムを中核として、ヨーロッパの商業・経済情報はヨーロッパ全体に拡大し、ヨーロッパ全体が同質性のある商業空間になることに貢献したのである。

宗教的寛容

オランダはプロテスタントのなかでもカルヴァン派の国家であり、同派に属する改革派教会はカトリックに敵対的であったにもかかわらず、カトリックを弾圧するようなことはなかった。他国に比べればオランダは、宗教的にははるかに寛容だったのである。その代表的な都市がアムステルダムであり、近世のヨーロッパ都市としては、信じられないほど宗教的寛容性に富んでいた。ここは、ヨーロッパ最大のセファルディムの居住地であり、さらにユダヤ教徒のためのシナゴーグまでつくられていたのである。

アムステルダムには、さまざまな出身地、宗派の商人が移住してきたが、ヨーロッパの他の都市では、宗教的寛容性が乏しく、そのようなわけにはいかなかった。そして彼らは、自分自身の出身地と緊密な関係を築いていることが多く、さまざまな地域の商業情報が比較的容易に入手できたと推測できる。

アムステルダムは人口流動性が高く、多くの人々が流入し、さらにそこから他地域に移住していった。そのために、アムステルダムに集積された情報が、ヨーロッパ全体に広まっていったのである。

情報入手までの時間

ヨーロッパ商人は、情報の入手にかなりの時間がかかった。この点は、時代は少し古くなるが、イタリア史家である徳橋曜《とくはしよう》の研究を見ればよくわかる。徳橋は、一四世紀中頃、ヴェネツィア在住の商人ピニョール・ズッケロに宛てて彼の代理人・取引相手が送った六七通の手紙をもとに、その手紙の到着日数を述べている。

海上通信は、陸上通信以上に不安定であった。海上交通には、気象条件がきわめて大きく影響し、そもそも船が拿捕されたり、難破することも稀ではなかった。もし天気が良ければ、船はスムーズに航海できたが、そうでなければ船の到着は、つまり手紙の到着は遅れた。たとえば、ヴェネツィアからクレタ島のカンディアまでの通信所要時間は、最短で一一日間、最長で四四日間であり、平均は二四日間であった。

手紙を送るときには、複製を送った。複製とは英語でduplicateといい、さらに、二通目の複製はtriplicateというが、日本語ではそれにあたる言葉はない。日本と違って中近世のヨーロッパでは、数通の複製を作成するのは当たり前であり、そのうちの一通が届けばよいと考えられていた。場合によっては複製が先に到着し、オリジナルがあとで届くこともあった。もし一通しか送らなかったとすれば、手紙が確実に当人に届くという保証は、どこにもなかったのである。

船舶も、いつ着くのかは正確にはわからなかった。前述のヴェネツィアからクレタ島までの移動距離はあまり長いとは思われないが、それでも三三日間の差があった。船が目的港に着いたときには、貨物を載せ替える予定の船がすでに出港しており、次の船を待たなければならないことなど、中世はむろんのこと、近世においても、まったく珍しいことではなかった。船舶がいつ港に到着するのかは、その船舶の姿が見えて初めてわかることで、このような光景は、グーテンベルク革命によっても変えられることがなかった。

西欧では、情報の非対称性（市場の取引において、ある主体が情報を多くもっていること）が少ない社会が誕生したかもしれないが、事業を営むうえでの正確な情報の入手はなお困難であった。したがって事業計画を立てるときに、それを遂行するのに十分なほどの、正確な商品の移動時間がわかっていたわけではない。現代のビジネスパーソンと比較するなら、近世の商人は、信じられないほど不確実な情報しか付与されていなかったのである。

おわりに——ヨーロッパ外世界との通信

商人は情報の担い手であった。中近世のヨーロッパ商人は、一日に何時間も手紙を書いていた。実際に商業に従事する時間よりも、もしかしたら手紙を書いている時間の方が長かったかもしれないほどである。それは、遠隔地にいる商人に正確な情報を伝えるためであった。とりわけヨーロッパ外世界にいる商人は、ヨーロッパにいる同僚や家族にせっせと手紙を書き、商業情報を伝えたのである。価格表や商業新聞がいわば公的な情報の伝達手段であるとするなら、商業用の手紙は、私的な情報伝達手段としてもっとも重要な媒体であった。

ヨーロッパ人がヨーロッパ以外の地域で遭遇したコミュニケーション上の問題は、ヨーロッパの内部よりもはるかに深刻であった。ヨーロッパ内であれば、通訳を見つけることはあまり難しくなかったであろうし、そもそもその必要がないことの方が多かったと思われる。しかしひとたびヨーロッパから出ると、ヨーロッパ商人は言語上の問題に遭遇することになった。

そして、おそらく新世界よりもアジアとの取引の方が、困難が大きかっただろう。大西洋貿易では、ほとんどがヨーロッパ人との取引ばかりであったが、それに対しアジアとの貿易では、ヨーロッパ人以外と取引する必要があったからである。

ヨーロッパ商人は果たしてどうしていたのか。ここでその事例を一つ提示したい。

スウェーデン人の歴史家リサ・ヘルマンによれば、中国政府は広州に四~五名の通訳しかおかなかった。そのため広州との貿易が増大すると、役人はアシスタントを雇うほかなかった。たとえば一七四八年に、イギリス商人のチャールズ・フレデリク・ノーブルが、「外国語を話せる中国商人はほとんどいなかったので、英語ないしポルトガル語を話すことができる人を雇っていた。だから、フランス人、オランダ人、デンマーク人は、このどちらかの言語を話す必要があった」といったほどである。

通訳は、コミュニケーションの媒介者となり、彼らは知っていることを役人に伝えた。そして、税関の役人は、すべての商品の価格と量を記録した。最終的には、中国人の役人が情報の掌握という点で絶えず有利な地位にいたのである。さらに中国政府に有利になるように、通訳がわざと誤訳をすることさえあった。ヨーロッパ人にとって中国語はきわめて難しい言語であり、中国人がヨーロッパの言語を話せればどれだけ楽になるかと考えたヨーロッパ商人も多かった。そこで、中国の役人からの干渉を避けるために、中国商人とヨーロッパ商人は通訳をできるだけ使わないようにし、共通の言語を創出することになった。その言語とは、中国語やマレー語、ポルトガル語、英語などが混ざった人工的な言語であった。

この例からわかるように、商業活動においては、中国政府と中国商人の利益が一致しているわけではなかった。国家の網の目をくぐり、商業を営むという行為は、一八世紀中頃になっても続いていたのである。

このように、ヨーロッパ内部の商業情報が、そのままヨーロッパ外世界と直接結びつくということはなかった。アジアはヨーロッパとは独立した商業を営んでおり、いかにアジアの情報をせっせとヨーロッパに伝えたところで、簡単にアジアの状況が変わるというわけではなかった。

それでもなお、アジアでだんだんとヨーロッパ勢力が拡大していったことも事実である。より正確には、ヨーロッパを起源とする同質性のある商業空間がアジアにまで拡大していったのである。それは、ディアスポラの民がいたからこそ実現できたことであった。

世界はディアスポラにより、「ヨーロッパ化」したといえよう。それには、アムステルダムがヨーロッパの商業拠点だったことが大きく寄与したのである。

第二部

ヨーロッパ内部から外部へのディアスポラ

第四章　ユグノーの国際的な活動

ユグノーとは誰か

ユグノーとは、フランスにおけるカルヴァン派の人々をいう。フランスは現在もカトリックの国であり、人口の約八〇パーセントがカトリックの信者である。

ジュネーヴで強大な権力を有していたジャン・カルヴァンはフランスにも改革派教会を打ち立てるために、一五五五年頃からフランスに牧師を派遣し、グループの指導、組織化にあたらせはじめた。一五五九年には、パリでフランス改革派教会第一回全国教会会議が開催され、信仰箇条と教会運営規則が採択された。しかし彼らは、カトリック側からは強く敵視された。そのため一五六二～九八年には、ユグノー戦争と呼ばれる宗教戦争が勃発することとなった。

ユグノーになった人々には、商工業者、職人、金融業者、一般の貴族などがおり、社会的・経済的地位は比較的高かった。彼らは、一五九八年のナントの王令により、カトリックとほぼ同等の権利を得た。そのためにユグノーの数は増加していった。しかし、ルイ一四世が一六八五年にナントの王令を廃止すると

（フォンテーヌブロー王令）、フランス国内にユグノーの居場所はなくなり、ユグノーのなかでカトリックに改宗しなかった人々は、国外に出て行くほかなかった。しかし、このディアスポラにより、ヨーロッパ経済は成長することになった。

1　ユグノー戦争

ユグノー戦争の開戦

ユグノーには商工業者が多く、そのためフランスの都市部に広がった。フランス国王フランソワ一世（在位一五一五～四七）はユグノーの擡頭を脅威だと感じ、彼らを弾圧した。しかし貴族のなかにも、ユグノーである人々が増加していった。

一五五九年、フランスのヴァロワ朝とハプスブルク家がカトー・カンブレジ条約を結び、フランスはイタリア遠征を断念することになった。ヴァロワ朝のアンリ二世は同年、馬上槍試合の怪我がもとで亡くなり、フランソワ二世が跡を継ぐものの一年後に病死し、フランスの政治は混迷を深める。このような状況においてユグノーとカトリックの対立は激化し、ユグノー戦争が生じる。この戦争のユグノー側の指導者は、コンデ公ルイ一世（一五三〇～六九）であり、のちに国王となるアンリ四世の叔父であった。

ここで、ブルボン家最初のフランス王となったアンリ四世について、少し説明をしておこう。アンリ四世（在位一五八九～一六一〇）は、ブルボン家のヴァンドーム公アントワーヌを父として、フランス王フランソワ一世の姪であるナバラ女王ジャンヌ・ダルブレを母として、ナバラ領のポーで生まれた。母は熱心なユグノーであり、その影響で父もユグノーであった。当然幼いアンリもユグノーであったが、アンリ二世妃カトリーヌ・ド・メディシスにより父のアントワーヌが強制的にカトリックに改宗されてしまい、息子のアンリも同様に改宗させられた。

一五六八年三月にはロンジュモーの和議が結ばれ、プロテスタントに対して信仰の自由と権利が与えられたものの、カトリックはユグノーを虐殺し、それに対してユグノーもカトリックを虐殺し、同年九月には、ユグノーの礼拝の自由はふたたび禁止された。なお、この頃のユグノーに、戦争のための資金を提供したのは、イングランドのエリザベス一世であった。そしてコンデ公ルイ一世は、一五六九年に戦死してしまう。

サンバルテルミの虐殺

旧教徒側でもっとも重要な人物は、国王シャルル九世（在位一五六〇～七四）の母であり摂政である、イタリア出身のカトリーヌ・ド・メディシスであった。彼女は、宮廷における新教徒（ユグノー）の擡頭を恐れ、旧教徒の有力者であるギーズ公と、新教徒を虐殺し根絶やしにする計画を立てた。

これは、宗教的融和を図るために、ユグノーであるナバラ王アンリ（のちのアンリ四世）とカトリーヌの娘マルグリット（カトリック）が結婚することが決まり、そのため八月二三～二四日に、旧教徒が新教徒を虐殺した事件である。このときに殺害された新教徒は、四〇〇〇人にも上るといわれる。これをサンバルテルミの虐殺といい、虐殺の余波は、フランス各地に広まった。

三アンリの戦い

ナバラ王アンリは、捕らえられて宮中に幽閉されたうえで、カトリックへの改宗を強制された。フランス王シャルル九世は、一五七四年に二三歳で死去していた。そして一五七六年にナバラ王アンリは脱出して、今度はユグノーに改宗し、新教徒を率いて戦った。一五八五〜八九年には、シャルル九世の弟アンリ（三世）、旧教徒が連合したカトリック同盟のギーズ公アンリ、ユグノー陣営のナバラ王アンリの三つどもえの「三アンリの戦い」と呼ばれる泥沼状態に陥った。

旧教徒側のアンリ三世とギーズ公アンリは連合して、ナバラ王アンリを改宗させようとした。さらにローマ教皇も、異端である新教徒がフランス国王になることは認めないという教書を発表した。すると中間派のポリティーク派は教皇の干渉に反発して新教徒派に荷担することになった。

ナバラ王アンリは、ふたたびエリザベス一世から資金的援助を得た。一五八七年には、クートラの戦いで旧教徒—新教徒の両軍が衝突、ナバラ王アンリの指揮のもと、新教徒派側が勝利を収めた。しかし、その直後、ギーズ公アンリがドイツから派遣された新教徒支援軍を打ち破ったために人気が高まり、同じ旧教徒の国王アンリとの仲が悪化したばかりか、一五八八年、パリに強制入城して国王のアンリ三世を追い出してしまう。

同年、アンリ三世はブロワ城に三部会を召集するという口実のもと、同城にギーズ公を招き、城内で暗殺する。そして、アンリ三世はパリに再入城を試みたものの、ギーズ公暗殺に反発したパリの熱烈な旧教アンリが、アンリ三世には子どもがいなかったので、ブルボン家のナバラ王アンリが、アンリ四世として国王になり、ここにヴァロワ朝が滅び、ブルボン朝が王家となったのである。

しかしカトリック同盟は、新教徒の国王を認めず、しかもパリは旧教徒が圧倒的多数派だったので、アンリ四世を支持する人々は少なかった。新教徒のままでは反対が多く、国王になれそうにもなかったナバラ王アンリは、一五九三年にカトリックに改宗し、翌年シャルトルで国王に就任、さらにパリに入城し、ようやくフランス王として認められることになった。

一五九五年、アンリ四世はスペインに宣戦布告し、アミアン付近での六カ月にわたる戦争の結果、講和条約を結んだ。ユグノー戦争中、スペインはカトリック同盟を支援するという口実でフランスの内政に介入しようとしていたが、それを排除することに成功したのである。

アンリ四世は、ユグノーからカトリックに、さらにカトリックからユグノーへと改宗するなど、全部で五回も改宗し、最終的にはカトリックになった。そのことは、フランス国家の維持と比較すれば、宗派の相違は大した問題ではなかったことを如実に示している。そしてどの国においても、主権国家を維持できれば、宗派の差異は無視できるようになっていくのである。

2　冒険商人としてのユグノー

ジャン＝バティスト・タヴェルニエ

ユグノーのなかには、国際貿易商人として活躍したものたちがいた。たとえばフランス人ジャン＝バティスト・タヴェルニエ（一六〇五～八九）はフランス人の旅行家であり、宝石を扱う商人であった。タヴェルニエは、ヨーロッパ人として初めて、インドのダイヤモンドに関する報告書を書いたことで知られているが、彼はまた、冒険的事業をおこなったユグノーとして名高い。タヴェルニエは、アジアに六回赴き、その体験を『インド旅行記』（全二巻）としてまとめた。この旅行記は、当時のアジア、とくにインド宝石に関する貴重な情報である。

タヴェルニエは六回の旅行で、パリ、マルセイユ、イスタンブル、イスファハーン、バグダード、シャム、バタヴィア、アレッポ、アレクサンドリア、マルタ、バスラ、ジャワ、ゴールコンダ、アグラ、マチリーパトナム、スミルナ（現在のイズミル）、バンダル・アッバースなどを訪れた。タヴェルニエは、陸上ルートだけではなく、海上ルートでも旅をした。

彼がインドで訪れたダイヤモンド鉱山は、ゴールコンダなどの三つにすぎなかったとされる。しかし、ゴールコンダのダイヤモンド鉱山は非常に有名で、その情報は大変貴重である。ゴールコンダ東部の鉱山では、六万人の人々が働いていたと報告している。ダイヤモンドは、インド人に大きな雇用の機会を提供したのである。

ダヴェルニエが最初にゴールコンダを訪れたのは、一六四五年の三回目の旅行のときであった。そのときは、スラートを経てゴールコンダに入っている。彼はその三年後の一六四八年に、ゴアでダイヤモンドを見せられたものの、このときは、自分が宝石を取り扱っていることは言わなかった。タヴェルニエは、さらにインドネシアのバタヴィアとジャワ島にまで航海している。

タヴェルニエが、六回目の旅行のときにパリに持ち帰った一二〇カラットほどのダイヤモンドに対し、一六六八年、フランス王ルイ一四世は八九万八七三一ルーヴルを支払った。これが呪いをもたらすとされる有名なホープダイヤである。カトリックであるルイ一四世が、ユグノーを好んでいなかったことははっきりしている。だが彼でさえ、ユグノー商人を通さなければ遠隔地との取引は難しいと悟っていたのであろう。

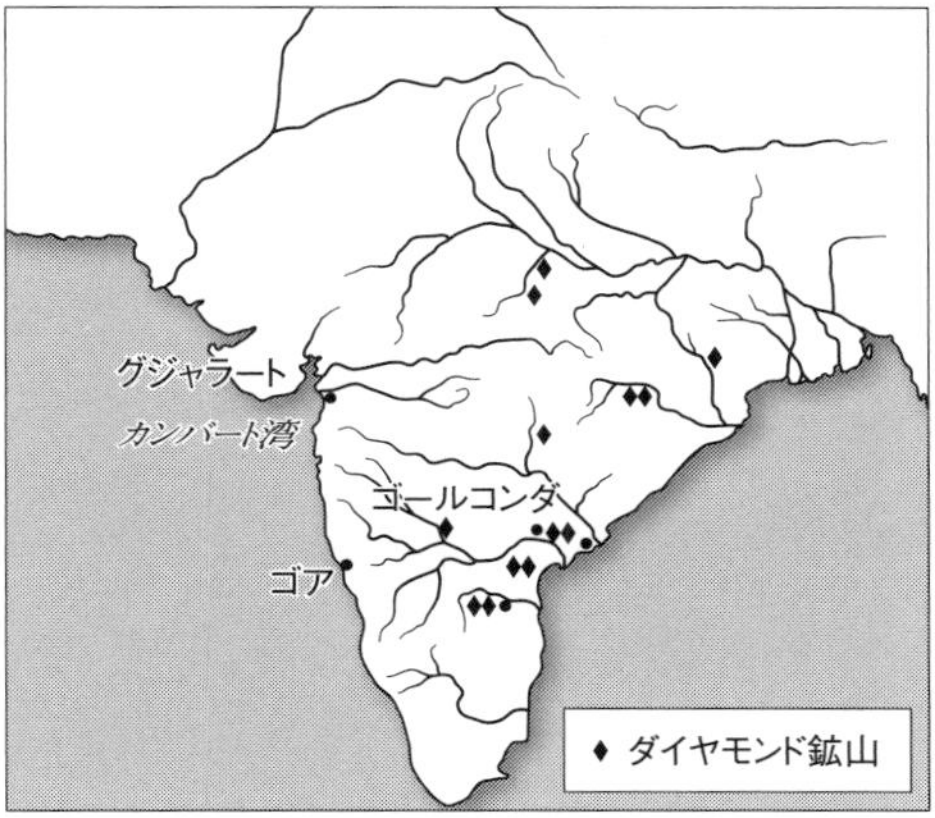

17世紀のインドのダイヤモンド鉱山の場所（Godehard Lenzen, *History of Diamond Production and the Diamond Trade,* London, 1970, p.28をもとに作成）

またヴォルテールによれば、「タヴェルニエは、哲学者よりも商人を重視し、ダイヤモンドを購入するための道に関する情報しか伝えなかった」。しかし言い換えれば、彼の六度のアジアへの旅は、ダイヤモンドを購入するためのアジアからヨーロッパへの行程を示しており、ダイヤモンドに関する貴重な情報をもたらしたのである。

当時、インドに輸出されていた外国製の銀貨は、ドイツのライヒスターラーとスペインのレアル銀貨であった。前者は、ポーランド商人やモスクワ商人によってもたらされた。後者は、イスタンブル、スミルナ、アレッポ、そして、主として絹を販売していたアルメニア人によってもたらされた。さらにタヴェルニエの記述から、アルメニア人が絹の輸送で利益を得ていたことがわかる。したがって、タヴェルニエがダイヤモンドを購入する情報しか伝えなかったというのは、おそらく正しくない。

ジャン・シャルダン

タヴェルニエはナントの王令廃止以前に亡くなったので、フランス国内でユグノーとして人生を終えることができた。しかし、タヴェルニエの少しあとで生まれたユグノーのジャン・シャルダンは、フランスから逃げ出さなければならなかった。正確には、ロンドンに行ってから、ナントの王令が廃止されたのではあるが。

羽田正《はねだまさし》『冒険商人シャルダン』によると、シャルダン（一六四三〜一七一三）は、生涯のうちに二度、トルコ、ペルシア、インドなど東方への大旅行をした。最初は、一六六四年末か翌六五年初めにパリを出発し、一六七〇年にパリに帰還した五年数カ月の旅行であり、二回目は、一六七一年八月にパリを発ち、一六八〇年五月末か六月初めにパリに戻るまでの九年近くにわたる旅行である。

シャルダンはヨーロッパ製の宝石、貴金属、宝飾品類をペルシア（イラン）、インドへ運んで売却し、それにより得た資金でインド産のダイヤモンドを購入した。この頃、世界のダイヤモンドのほとんどはインドで産出しており、ダイヤモンド貿易の利益が膨大だったためヨーロッパ人はインドに向かったが、その代表的人物として、先のタヴェルニエとシャルダンがいたのである。彼らが有名なのは、旅行記を著したからで、シャルダンは、『ペルシア見聞記』などの作品を残した。

シャルダンは一回目の旅行のとき、ペルシア王アッバース二世（在位一六四二〜六六）に何度か謁見した。そのためもあり、シャルダンはペルシアの経済、商習慣、産物などだけではなく、政治や法律、ものの考え方や行動様式、さらには彼が長期間滞在したイスファハーンという都市への興味をもつようになった。そして彼はペルシア語を身につけ、ペルシア人の商習慣について熟知するようになった。

羽田によれば、シャルダンはカトリックではなくプロテスタントではあるが、フランス人であるという意識は強かった。また、ペルシアで活躍していたアルメニア商人には、自分たちがペルシア人であるという意識はなかった。これは、当時のヨーロッパで主権国家が成立していたことを物語る。

二回目の旅行を終えてヨーロッパに戻ったシャルダンはパリからロンドンに移り、三冊の書物を執筆した。その一つでシャルダンは、アルメニア教会について書いている。これは、ヨーロッパ人が残した具体的なアルメニア商人の活動を記した記録として貴重である。また彼は、イスファハーンがマルチナショナル、そしてマルチリンガルな都市であったことを書き残しているが、それは、イスファハーンがユーラシア大陸の商業で、非常に重要な都市だったことを示す。

シャルダンはイギリスに帰化し、ロンドンに住み、イギリス東インド会社の株主として取引に参加した。そして過去の経験を生かし、アルメニア商人と共同して事業を営むようになった。ここに、ユグノーがイギリスで定住し、アルメニア商人と事業活動をするという異文化間交易が見られるのである。

シャルダンは、イギリスで亡くなった。ロンドン商人として活躍していた彼に、フランスに戻る意思があったかどうかはわからない。たしかなことは、ナントの王令が廃止された以上、プロテスタントの国イギリスにとどまる方が安心して商売ができたということである。また、イギリスに帰化したのだから、フランスに戻る気はなかったのかもしれない。

3　ナントの王令とその影響

国外に逃げ出すユグノー

フランス国内で、ユグノーはアンリ四世の改宗に反発していたので、同王は一五九八年四月にナントの王令を出し、プロテスタント信仰の自由を認めた。このようにカトリック国であっても、プロテスタントの信仰を認めたのであるが、ただしユグノーには、パリでの礼拝は禁止されており、彼らが礼拝をできる都市はかぎられていた。つまり、なお旧教と新教の争いは続いており、旧教徒の側からは、新教の勢力は目障りで仕方がなかったのである。したがって、一六八五年にルイ一四世がナントの王令を廃止したのは、カトリックの立場からすると、当然の帰結であった。

しかし、それによりユグノーは、ヨーロッパ各地に移住していき、ヨーロッパ諸国の経済は発展することになる。フランスにおけるユグノーの役割については、ドイツの歴史家ゾンバルトがこう述べている。

……実際に資本主義的工業ならびに海外貿易のおそらく大部分が、カルヴァン派信者の手中にあった

（あるいは、あのフランスにとってきわめて危険であった時代まで、手中にあった）ということである。（中略）

外国貿易では、彼らは好んでオランダとイギリスと取引きした。そしてオランダ人とイギリス人も、彼らと好んで取引きしたが、それというのも、カトリックよりも、ずっと彼らのほうを信用していたからだと、ブノワは述べている。

また銀行家としても、われわれはそのころのフランスで、数多くのカルヴァン派信者と遭遇する。そして喜んで彼らは、自分たちに認可された税の租借を引き受けた。コルベールが、租税行政に彼らを利用することを禁じた勅令に反対したことは、よく知られている（ヴェルナー・ゾンバルト『ブルジョワ――近代経済人の精神史』）。

フランスにおいてこれほどまでに大きな経済的役割を担っていたユグノーがフランスからいなくなれば、逆に他国の経済成長が促進されると推測するのは理にかなっている。

ユグノーのディアスポラ

ユグノーの第一次のディアスポラは、早くも一六世紀に発生していた。一五六〇年に最初の迫害にあい、とくにサンバルテルミの虐殺のあと、ユグノーはジュネーヴ、イギリス、オランダなどに向かった。第一次ディアスポラによってユグノーが移住した地域を示した八一ページの地図は、そのことを実証している。ナントの王令のあと、ユグノーの避難民数は大幅に低下し、移民のなかには故国のフランスに帰った人たちもいた。避難民は、一六八五年のフォンテーヌブロー王令（ナントの王令の廃止）のあとにピークに達し、九年戦争（一六八八〜九七）のあいだに大きく低下し、フランスにおけるユグノーの反乱であるカミザールの乱（一七〇二〜〇四）の期間も低下した。

しかし一七一五年にルイ一四世が亡くなっても、ユグノーへの迫害は終わらなかったので、ユグノーはフランス国外に逃亡せざるを得なかった。彼らの亡命先には、ドイツも加わった。そのなかでも、ブランデンブルク＝プロイセンとヘッセン＝カッセル方伯領がとくに重要であり、多数のユグノーが、オランダを経由してこれらの地へと移住し、スカンディナヴィアやロシアにまで移住したのである。さらに移住先には、南アフリカや新世界のイギリス植民地もあった。

第三次ディアスポラは一六八〇年から一七一五年のことであり、一五〜二〇万人のユグノーが、フランスから脱出したと考えられる。それは、近代フランスにおける最大のディアスポラであった。ルイ一四世によるナントの王令廃止により、ユグノーが外国に逃亡する経路には厳しい監視が布かれるようになったが、いうまでもなく、彼らは監視の目を盗んでフランス国外へと逃げ出したのである。海のルートを使って、ボルドー、ラ＝ロシェル、ディエップ、ルアンから亡命した。

イギリス、オランダ、デンマーク船に乗った避難民たちは、ノルマンディーのディエップやルアンを通ってからイギリスの港、さらにはチャネル諸島へと向かった。フランス南部のユグノーは、ボルドーを経てイギリスに、ときには新世界にまで移動した。だが、彼らのほとんどはマルセイユないしニースからジェノヴァに向かい、次にトリノに上陸し、最終的にジュネーヴに移住した。いうまでもなく、ジュネーヴはカルヴァンによる宗教改革の根拠地だったからである。

第三次の避難民は、すでに亡命していた第二次の避難民の居留地に移住することが多かった。ユグノー

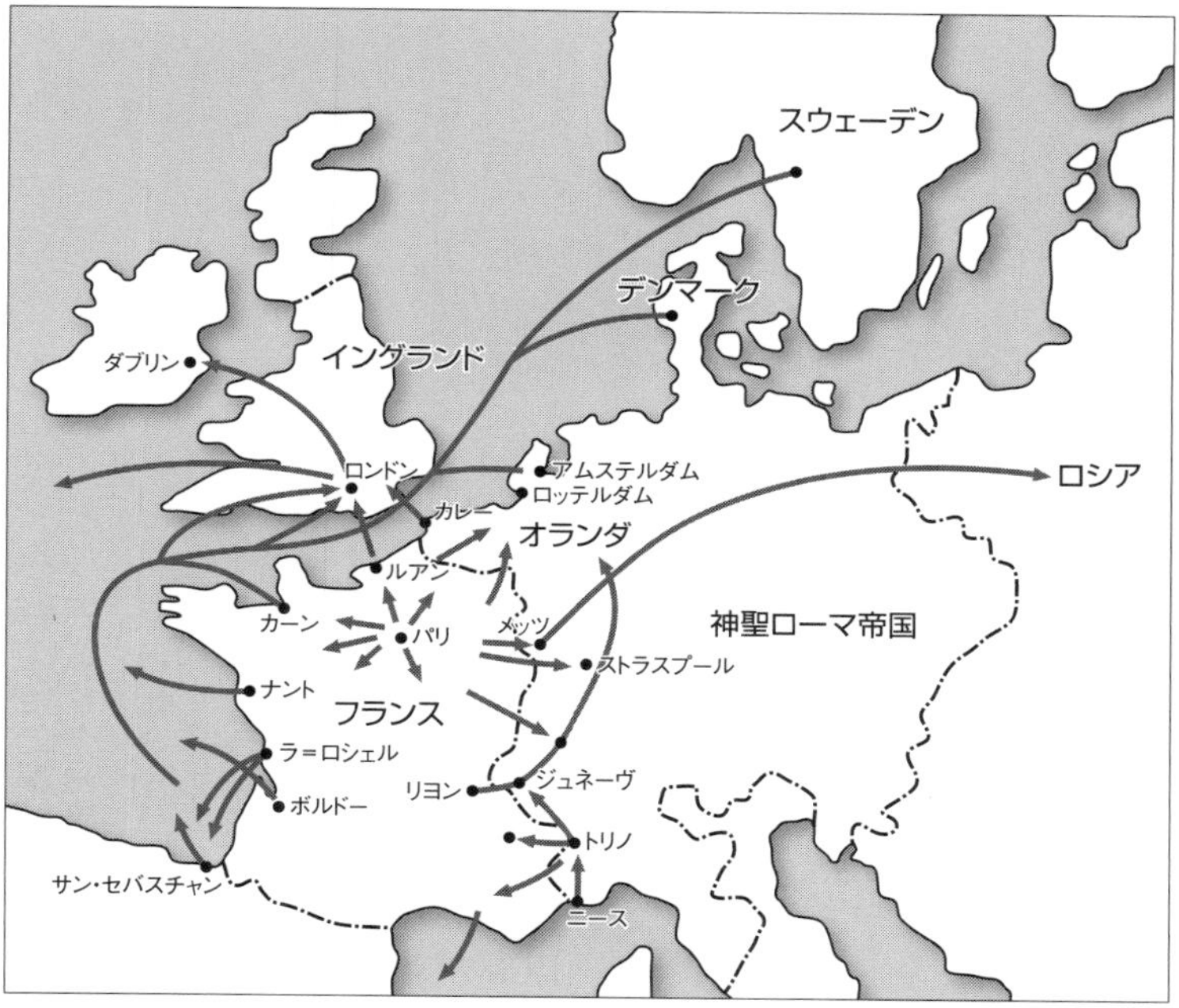

ユグノーの第一次ディアスポラ（出典：https://museeprotestant.org/en/notice/le-refuge-huguenot/ をもとに作成）

は、外国に到着するとすぐに改革派教会に行き、説教に参加した。彼らのほとんどは、フランスでは信仰を取り消すことを余儀なくされており、それは宗教上の罪にあたると、宗教儀式で認めたのである。

避難先で、ユグノーは好遇された。スイスでは、避難してきたばかりで貧しいユグノーに対して宿舎を提供したばかりか、金銭的援助までした。だがスイスとオランダは、ドイツに移住するための、一時的な避難場所であった。ドイツでは、ユグノーはさらに良い待遇を与えられたからである。

ユグノーは、移住先とフランスとの関係の改善に寄与した。フランスからの亡命を選択した知的エリートたちは、フランスの文化との関係を維持しようと努め、ユグノーのディアスポラによって、フランスの文化がヨーロッパ全体に拡大することにもなったのである。オランダ、スイス、イングランドで出版業が盛んになると、フランス語が、ヨーロッパの文化を代表する言語となった。中世ヨーロッパの共通語はラテン語であり、近世においては、ラテン語ほどの影響力はなかったにせよ、フランス語はヨーロッパの宮廷で話される言語、外交官が話す言語となった。フランス文化に対する憧れがヨーロッパ人のあいだでもたれるようになったのも、ユグノーの力が大きかったのである。雑誌、政治的・文化的な新聞が、フランス語で書かれたが、書店経営者の多くはディアスポラの人々であり、彼らは元来専門家や教師であった。

書物や新聞は秘密裏に流通し、まだフランスに居住していたプロテスタントに密かに届けられた。それらは、旧約・新約聖書、教理問答、説教、歴史研究などであった。そのほとんどはフランスのプロテスタントを読者としたものであったが、スイス、とりわけジュネーヴとローザンヌで印刷されたものも含まれていた。

ユグノーのネットワーク

ユグノーのネットワークは、一五四〇年代から、フランスでカルヴァンの伝道が成功した時点からはじまった。カルヴァンと、ジュネーヴにおけるカルヴァンの後継者は、フランスにいるユグノーの牧師と絶えず通信し続けた。つまりフランスのプロテスタントの教会は、他地域の教会とのネットワークをもっていたのである。そして一六世紀中頃からユグノーは弾圧を受け、さらにサンバルテルミの虐殺のあとに、外国に避難地を求めるようになったことは前述した。

一六八五年にナントの王令が廃止される以前には、ユグノーは避難民としては認識されてはいなかった。一五六〇年代から一六八〇年代にかけ、ユグノーは、しばしば避難先とフランスのあいだを行き来し、貿易や商業に従事し、結婚もした。この期間にユグノーは、イングランド、オランダ、スイス、ブランデンブルク＝プロイセンとの関係を強め、これらの地域で、ユグノーの教会が見られることになったが、彼らは決してフランスとの関係を断ち切ろうとは思わなかった。

一六世紀において、西欧のプロテスタント地域とユグノーのあいだで情報交換の頻度が増え、外交的・軍事的ネットワークが発展した。このネットワークは、後代に、「プロテスタント・インターナショナル」と呼ばれるようになる。これは、ヨーロッパのプロテスタント諸国が、カトリックの対抗宗教改革に抵抗して形成したネットワークである。

一六八五年にナントの王令が廃止されると、フランス国内にいた七五万人と推計されているユグノーのうち、一五万〜二〇万人がフランスから逃げ出したとされる。彼らは、オランダ、スイス、イングランド、ブランデンブルク＝プロイセン、スカンディナヴィア、新世界、南アフリカに向かった。スイスには二万二〇〇〇人、イングランドには四万〜五万人、オランダには五万〜七万人、ブランデンブルク＝プロイセンには一万五〇〇〇人、デンマーク、スウェーデン、ロシアに約二〇〇〇人の避難民が住み着いたといわれる。アイルランドは三五〇〇人の、北米のイギリス植民地は二五〇〇人のユグノーを受け入れた。

九年戦争を終結させたライスワイク条約が結ばれた一六九七年から、スペイン継承戦争を終わらせた一七一三年のユトレヒト条約までの期間に、反フランス連合が形成され、ルイ一四世がナントの王令をふたたび導入するのではないかと期待された。だがそうはならず、ルイ一四世はカトリックに改宗しないかぎり帰国を認めなかったので、ユグノーは、フランス国外でプロテスタントのフランスを形成しようとしたのである。

ユグノーの宗教的・外交的・軍事的指導者は、ヨーロッパのプロテスタント諸国の君主に、避難所や定住の地を提供するように呼びかけるほかなかった。ヨーロッパの支配者たちは、迫害されているマイノリティーに避難所を提供することに慣れており、ユグノーは、避難先を見つけるためのロビー活動をおこなった。それは、ユグノーが海外で定住するために不可欠の条件であった。

ネットワークの有効性

外交は、一六八五年にフランスから逃走することを選択したユグノーにとって、重要なネットワークを提供した。絶えず接触していたヨーロッパのプロテスタント諸国が、ユグノーに避難所を提供することができるようになったのである。

フランス内外のユグノーの教会のネットワークは、避難先を発見し、移住する条件を整えるうえで非常に重要であった。ロンドン、ニューヨーク、ベルリンに残った史料から判明するのは、ユグノーの避難民は、他のプロテスタント教会とユグノーの軍事・外交のリーダーと密接な関係を維持していたことである。

ユグノー内部のネットワークにより、宗教的・社会的紐帯が強化されており、ディアスポラをしているユグノーの集団は、それを利用したのである。他のプロテスタント教会とのネットワークも、プロテスタント・インターナショナルの協力関係を強めた。動乱の時代においてもユグノーと他のプロテスタント教会のあいだで手紙がやり取りされたために彼らのネットワークは拡大し、ディアスポラにあるユグノーたちのアイデンティティも強まっていた。

フランスにおいて、ユグノーは教養ある階級に属しており、文学、科学、文化面のエキスパートであった。フランス国内で高い地位にあったことは、他国の人々との文化的接触を増加させる点で有利に作用した。ルター派、カトリック、場合によってはムスリムまでも、そのネットワークに包摂していた。

ユグノーのネットワークは、サンクトペテルブルクから、ドイツ諸邦、スウェーデン、デンマーク、イギリス、アイルランド、さらには大海を渡ってニューヨーク、ペンシルヴァニア、スリナム、南アフリカ、インドにまでおよんでいた。ただしユグノーだけでは、これほどまでに広大なネットワークを保持することは不可能であり、この背景には、異文化間交易があったと想定される。

一六八〇年代になる以前に、ユグノーは、すでにニューヨーク、ボストン、スリナム、ジャマイカ、バルバドス、チェスタトンなどのアメリカ諸地域の都市と貿易をしていた。オランダとイングランドに避難したユグノーは、そのネットワークを大西洋、そして南アフリカを経由してインド洋やその東側にまで拡大した。またユグノーは、オランダ東インド会社でも商業活動に従事しており、ワイン、絹、製造品、穀物をヨーロッパ内で輸送し、魚、奴隷、砂糖、織物、木材の市場を大西洋とインド洋にまで拡大した。

ユグノーには、これほどに広い商業ネットワークがあった。そのために、移住先を見出すことは難しくはなかったであろう。以下、イギリス、オランダ、ブランデンブルク＝プロイセン、スウェーデン、ハンブルク、アメリカへのユグノーの移住について触れたい。

4　ユグノーの移住先

イギリス

『ユグノーの経済史的研究』を著した金哲雄によれば、フランスは長期にわたり、奢侈品の絹織物生産においての、他の北ヨーロッパ諸国よりも有利な立場にあった。そのためユグノーの熟練絹織物業者がカンタベリーとロンドンに移住したときには、熱烈な歓迎を受けたのである。一七世紀末にロンドンで製造された錦織の絹織物は、すべて三人のユグノーの移住者によってもたらされたものであった。イギリスは、ユグノーが定住した結果、絹織物を国内用のために生産しただけではなく、国外に輸出することさえできるようになった。もしユグノーがイギリスに移住しなかったとすれば、イギリスの絹織物工業の発展は、はるかに遅れていたものと思われる。

またユグノーは絹織物だけではなく、リネンもイギリスにもたらした。リネンを製造するユグノーは最終的にはスコットランドに定住し、彼らはエディンバラで上質のリネンであるバチストを生産する大工場をつくった。

さらにユグノーは製造業だけではなく、金融業でもイギリスに大きな影響を与えた。一六六〇年以降六パーセント台を維持していたイギリスの法定利子率は、一七一四年には五パーセントに低下した。一六九四年のイングランド銀行創設にも貢献したユグノーは、利子率を低下させたことで、企業が資金を調達することをより容易にした。そしてユグノーは、イギリスの公債にも投資した。イギリスの公債に投資した外国人としてはオランダ人が最大の投資額であったといわれているが、ユグノーは、その次に位置したものと思われる。またユグノーは、ロンドンの証券市場において仲買人として活躍した。

すでに述べたように、ユグノーには国際的なネットワークがあったため、オランダ、ドイツ、スイスなどに定住したユグノーも、ロンドンにおける近親、仲買人を通して投資活動をすることができた。ナントの王令廃止は、イギリス経済を発展させたのである。

オランダ

オランダがユトレヒト同盟を結成したのは、一五七九年のことであった。ネーデルラント（現在のオランダとベルギー）は、スペインからの独立戦争（一五六八〜一六四八）を戦っていた。そのうち、現在のオランダにあたる北部七州が独立を目指し、戦闘を継続することを誓ったのである。こののちネーデルラントは、北部のオランダと南部のベルギーに分かれることになった。

一六世紀末には、フランスのカルヴァン派とオランダの改革派教会のあいだに多くの文化的関係が存在するようになる。たとえば一五七五年には、オランダのライデン大学で、フランス人が神学部の教授に採用されている。さらにフランスのルイ一四世が拡張政策をとり、一六七二年にはオランダ侵略戦争をおこなうなどしたため、ルイ一四世に対する反感が強まり、逆にユグノーに対する親近感が芽生えたということは考えられよう。

また、南ネーデルラントを起源とし、フランス語を話す改革派教会のワロン教会が、一五七〇年代オランダに誕生し、その後の一世紀で、ワロン教会のオランダにおける影響力は大いに強まった。

ワロン派教会は、当初はアムステルダムで、その後はオランダ国内の主要都市で発展し、避難民に対して多くの権利を保障するとの宣伝がなされた。フランスで発行された新聞を使用し、オランダでは免税、市民の権利の擁護、ギルドへの参加権、職人の権利が誰にでも開かれているという宣伝もなされた。そして、多くの都市の協力関係があることが避難民へのアピールとなった。

ルアン、セダン、ラ＝ロシェル、パリなどのフランスの諸都市からオランダへの避難民は、五万〜七万人だったと推計されている。そのなかに、多数の牧師、軍人、職人らがいた。彼らを支援するためには、巨額の資金が必要とされ、そのため基金を集める多数の取り組みがおこなわれ、それにはカトリック信徒さえ参加することがあった。オランダは宗教的寛容の地だったからであろう。

だがオランダ人は、だんだんと避難民に対して寛容ではなくなっていった。オランダ経済が停滞し、ヨーロッパの経済的覇権がイギリスに移りつつあったために財政的に豊かではなくなっていったことが、その理由の一つであった。避難民のための資金は不足するようになり、一八世紀初頭には、すべての避難民は帰化しなければならなくなった。

ユグノーは、オランダの織物産業の発展にはほとんど貢献しなかった。いくつかの都市で、毛織物工業、絹織物工業が発展したが、そもそもオランダではそれらの産業はすでに発展しており、ユグノーのオランダ工業に対する貢献度は決して高くはなかった。

また金融面での貢献は、むしろネガティヴなものであった。ユグノーはアムステルダムにかなりの貸付資金を提供したため、アムステルダムの利子率は低下した。そのためアムステルダムの資金は、より利子率の高い地域に流出することになった。一七二〇年の南海泡沫事件以降、アムステルダムの資金はイギリスに集中するようになり、イギリス経済の勃興と、オランダ経済の衰退につながった。オランダは中央政府の力が弱く、人々の海外への投資を管理することはできなかったのである。

ブランデンブルク＝プロイセン

ドイツでは、三十年戦争のために人口が大きく減少し、ナントの王令が廃止されたため、避難地を探していたユグノーにとってうってつけの土地であった。ブランデンブルク＝プロイセンは、多くのユグノーを受け入れた。

多くのユグノーは、メッツやプロテスタントがかなり多いフランス南部出身だったが、ピカルディー、シャンパーニュ、セダンなど、そうではない地域からやってきたユグノーもいた。ルター派の自由都市フランクフルトは、避難民のハブとなった。ドイツのほとんどの地域はルター派を信仰していたので、ユグノーはカルヴァン派のブランデンブルク＝プロイセンと、ヘッセン＝カッセル方伯領を定住地として選んだ。

ブランデンブルク＝プロイセンのホーエンツォレルン家は、一六一三年にカルヴァン主義に改宗していたが、ルター派を信仰していた領民を強引にカルヴァン派に改宗させることはなかった。カルヴァン派は、支配者たちの宗教であった。ブランデンブルク選帝侯のフリードリヒ・ヴィルヘルムは、軍制改革により、ブランデンブルクを強国にしたことで知られる。彼は一六八五年一一月、ポツダム王令を出し、ユグノーを自国領内に受け入れた。この王令では、ブランデンブルク＝プロイセン領内に移住してきたユグノーに対し、ブランデンブルクまで来るための援助を約束した。領内のどこに住んでもよく、母語で自由に礼拝をおこない、そのときの費用は選帝侯が負担した。最初の四年間は免税特権があり、誰も住んでいない家に住みつくか、支援金をもらって新居を建設することができた。ブランデンブルク＝プロイセンで生まれた人々と同等の権利を有し、簡単に帰化することができたのである。

王令はドイツ語とフランス語で書かれ、ドイツ語を話す地域で広範に配布され、さらにはスイスとフランスにも密かに持ち込まれた。それはおそらく、自国領内にユグノーを招聘するためであった。息子のフリードリヒ一世（一六五七～一七一三）の時代にも、この宣伝は継続してなされた。一七〇一年にプロイセン王になった彼の統治下において、ユグノーはドイツ人の臣民と同様の権利を有し、さらには学校と教会をもつようになった。このような恵まれた環境を提供したので、プロイセンには二万人のユグノーが定住し、一七〇〇年には、ベルリンの人口の四分の一がもともとフランスを故郷とする人々であったといわれる。明らかにユグノーは優遇されており、それは一八〇九年にフリードリヒ・ヴィルヘルム三世（在位一七九七～一八四〇）が廃止するまで続いた。

ユグノーがプロイセンにもたらした大きな貢献の一つとして、三十年戦争で荒廃していた土地でふたたび人口が増え、活気が戻ったことがある。ユグノーは先進地帯から来た人々であり、優秀な企業家であった。フランスのユグノー以外にも、フランス語を話すワロン人（カルヴァン派）が、一〇万人程度、ドイツに移住したと推測される。ほとんどのユグノーは、都市に居住した。フリードリヒ・ヴィルヘルム一世は、ブランデンブルク＝プロイセンに未熟練労働者を入れない方策を立てたのである。

人口が増大すれば、税を納める人々、さらには兵士として仕える人々の数が増加する。一七世紀のドイツでは、大陸版の重商主義ともいえる「官房学」が流行しており、その教養の根幹には、貿易収支は黒字でなければならないというものがあった。ユグノーは、プロイセン国内の製造品を生産することで、プロイセンの貿易収支を黒字にすることに貢献すると考えられたのである。

裕福で権力をもつユグノーは、イングランドとオランダに向かったといわれるが、プロイセンに到着したユグノーには、貧民や中産階級の人々も含まれていた。プロイセンに移住したユグノーの五パーセントが貴族、七パーセントが中間層の役人、八パーセントが商業と製造業に従事する市民層、二〇パーセントが労働者と徒弟、一五パーセントが農民であり、四五パーセントが職人であった。ここから、ドイツに定住したユグノーには都市の市民と同じ構造があり、高い教育を受けた熟練労働者から成り立っていたことがわかる。

ドイツに定住したユグノーは、新しい農業技術ももたらしたが、むしろ製造業部門で力を発揮した。彼らは工場の建設や技術を一般の人々が使えるようになることに貢献した。とくに、織物工業（なかでも羊毛と絹）で主導的な役割を演じ、主として宮廷での需要に応じた奢侈品の政策をリードした。

スウェーデン

フランスのバルト海貿易研究者として名高いピエリク・プルシャスによれば、フランス商人（基本的にユグノー）は、北欧の市場でも活動的であった。スウェーデン商人は、フランスに代理商がおり、その代理商が二国間の取引の仲介をした。たとえば、ストックホルム出身のグリル商会はルアンに代理商が居住しており、それにはスウェーデン領事が含まれていた。

スウェーデンに移住したユグノーは、二国間で重要な役割を果たした。ユグノーにとって、スウェーデンに移住するのは簡単な選択であった。ワロン人がスウェーデンに移住するようになってから、ネーデルラントの商人はスウェーデンで容易に活動ができるようになった。スウェーデンは、ユグノーがさまざまな経済分野ですぐれた活動をしていたこともあり、彼らを招致して移住させた。移民は簡単にスウェーデンに帰化することができた。

スウェーデンに移住した家族のなかでもっとも有名だったのは、ベドワール家であった。ジャン・ベドワールは、一六六五年にストックホルムに到着し、鉄と銅の販売をするようになった。息子たちは、ストックホルムの有名な移民の家族と結婚した。ジャン・ベドワールJr.は、父から受け継いだ事業を発展させ、スウェーデンを代表する鉄と銅の輸出商人になった。そして一七三九年には、彼はスウェーデン保険会社の創設者の一人になった。彼の息子の一人は、義理の息子のヘルマン・ペテルセンとパートナーシップを結び、スウェーデンでもっとも裕福な人物の一人になった。彼らの会社はスウェーデン産の鉄輸出と、塩とワインの輸入を専門にしていた。ペテルセン&ベドワール商会は、国際貿易と真鍮、砂糖精製に投資した。

ほかに重要な一族として、ルフェーブル家がある。アンリ・ルフェーブルはユグノーで、一七世紀後半にスウェーデンに到着したマリア・ベドワールと結婚した。アンリの息子であるジャン・アンリは、親類のシャーロッタ・ベドワールと結婚し、家族で事業を続けた。アンリ・ルフェーブルは、事業で得た利益を砂糖精製に投資した。彼は政治にかかわり、ストックホルムを代表する政治家になった。

スウェーデンに移住したユグノーの数は、決して多くはなかったが、彼らは、スウェーデン経済に貢献した。たとえば、一七六〇年のストックホルムの主要な商人のうち、ベドワール家と関係する人が輸出する比率は（金額で）六七パーセントもあったことが、それを証明している。

ハンブルク

オランダの経済力が低下した一八世紀のヨーロッパ経済をリードしていたのは、イギリス・フランス両国であった。一八世紀に大きく拡大した大西洋貿易は、イギリスの場合ロンドンの貿易発展と大きくリンクし、フランスのそれは、単にフランスの港のみならず、再輸出港としてのハンブルクの貿易発展をもたらした。

フランスの大西洋貿易の拠点であったアンティル諸島から輸入される砂糖はまずボルドーに送られ、そこからさらにハンブルクに送られた。ハンブルクはヨーロッパの製糖業の中心ともいえる都市であり、この都市から砂糖がヨーロッパ各地に輸送されたのである。

ボルドーは通常、ワインの輸出港として知られる。ボルドーの主要輸出品は伝統的にワインであったが、一八世紀だけは砂糖であった。ボルドーの主要取引相手は、一七世紀にはオランダであったが、一八世紀になるとハンブルクへと変化した。オランダの場合と同様ボルドーでは、少数派のカルヴァン派の商人が、ハンザ商人と取引をおこなっていた。すなわち、商人間のプロテスタント・ネットワークという点では変化がなかったのである。国や地域を見れば貿易相手が変わったといえても、人的ネットワークの点では変わらなかった。

ハンブルクは、規模は小さいとはいえ、ユグノーの亡命先でもあった。ただしハンブルクはルター派の都市であり、ユグノーは市民権を得られず、亡命者の数は多くはなかった。しかし、そもそもハンブルクの人口自体が数万人と少なく、少数の移民であっても、ハンブルクの経済に与えるインパクトは大きかったはずである。ユグノーは、数世代にわたってハンブルクに住み着き、フランス大西洋岸の港と密接な家族関係を維持した。ハンブルクはそのようにして、大西洋世界と良好な商業関係を保ったのである。

具体例を述べよう。一七〇〇年に、フランス南西部出身で、ユグノーの商人・金融業者であるピエール・ブエ（一六七七〜一七四五）は、ハンブルクに到着し、ナントの王令廃止のために同地に避難した家族のメンバーと合流した。彼は、イギリスとの海上貿易に特化した商人・船主・金融業者であった。ブエ家のネットワークは、ユグノーのディアスポラを形成した多数の国際的ネットワークの典型的な事例である。一七〇五年にピエール・ブエは、ドイツ商人のルドルフ・バルデライシュの娘と結婚した。さらに姉妹の一人であるジャンヌは、ボルドー出身の商人イサーク・バルゲールと結婚した。アムステルダム出身で重要な代理商であるピエール・エマも、ブエ家の一人のマルテと結婚した。三八回のブエ家の結婚のうち、二八回はフランス出身のユグノーとの結婚であった。

一七九〇年代にフランスの植民地勢力が一掃されると、この一家はイギリス人家族と結婚するようになった。ブエ家は、ハンブルクに確固とした基盤があったが、フランス国籍のままだったのは、ハンブルクでは、ルター派しか市民権を獲得できなかったからである。

ハンブルクで商会をつくった他のユグノー家族一ダースほどが、多少とも事業に成功した。ヒス、ブエ、ゴドフロア、ボーズンキット、ボワイエ、ショーネル、テクシエ、ロレイユ、ジョグなどがそのような家族であった。ストックホルムでは、ベドワール家、ルフェーブル家、トゥタン家も事業に成功した。ユグノーは、ハンブルクにおいてもフランスの貿易を受け継ぎ、自分たちのためにネットワークと情報を独占したのである。

これらのユグノーは、しばしばフランス国籍をもっており、重要なフランス海上貿易の発展に参加したが、これをフランス商人の活動とみなすのは適切ではない。彼らの活動は、北ヨーロッパのすべての地域に関係していた。彼らは、子どもたちを、ドイツ、スイス、オランダ、イギリスで、フランスと同様に結婚させ、多少とも移住先の都市に同化した。彼らは商業的目的のために主にフランスに接触したが、ユグノーの移民が急速に拡大していたイギリスとも接触した。彼らは国境を越えた共同体を形成し、その共通の利益は、貿易であった。

すでに述べたように、ハンブルクはヨーロッパの製糖業の中心であり、フランス領アンティル諸島、とくにサン゠ドマング（現在のハイチ）からボルドーに送られた砂糖が、さらにハンブルクに輸送された。いうまでもなくこのネットワークは、セファルディムのネットワークと結合され、巨大なディアスポラ・ネットワークを形成したのである。

アメリカ

すでに一六世紀のうちに、多くのプロテスタントがブラジル、フロリダ、サウスカロライナへの探検を開始していた。新世界にまでフランス王室の力を拡大することは、フランス人の夢であったが、スペインとの競争に敗れ、それには成功しなかった。一七世紀になると、フランスのプロテスタントであるユグノーは、ニューイングランドのアメリカ植民地に出現するようになった。

一六二〇年には、イギリスからピューリタンを乗せたメイフラワー号がプリマス植民地に到着した。あまり知られていないことだが、それにはフランス人も乗り込んでいたのである。彼らはフランスのラ゠ロシェル出身で一六六二年にはアメリカのマサチューセッツ州の知事である人物に、同州に住み着き、イングランド人とともに生活できるようにという請願をした。それは快諾され、一五〇の家族が、イギリス的な名前に変更した。そしてナントの王令が廃止されると、ユグノーがどっとアメリカに避難してきた。

一七世紀末になると、ユグノーは、フランスから直接、ないしオランダやイングランドを経由してアメリカにやってくるようになった。彼らは、イギリスの植民地経由でヌーベルフランス（北米のフランス領）に到達した。

一七世紀初頭に、オランダ人は新世界に向かうようになり、新世界経営のためにオランダ東インド会社を創設した。彼らがニューウアムステルダム（現在のニューヨーク）を築くと、ラ＝ロシェル出身者を中心として、フランス人がこの都市に到着した。

ニューヨークでは、一六八六年に改革派教会が建てられた。ユグノーは、ずっとフランス語を使用し、イギリス王に忠誠を誓っていたものの、イギリス国教会の儀式に従うことは拒否した。ニューヨークでは、ユグノーの教会は、一七七六～九九年のあいだに閉じられることになり、彼らの影響力は低下することになった。

一方、ニューヨークに近いニューロシェル（フランス語ではヌーヴェル・ロシェル）は、一六八八年に建設された。この都市に移住したのはユグノーであったが、彼らはイギリス国教会の儀式に従った。だが、フランス教会はずっと維持した。一七世紀から一八世紀初頭にかけて大西洋岸のイギリス植民地に到着したユグノーは、イギリスに忠誠を誓った。

このように、アメリカの東海岸のイギリス植民地では、ユグノーの数が増加していった。ユグノーは、大西洋貿易に積極的に参画した。オランダ領からイギリス領に変わったニューヨーク（ニーウアムステルダム）には、大勢のユグノーがいた。ユグノーの子孫は、若きアメリカ合衆国の政治にまで影響をおよぼした。もちろん、彼らの一部が、政治家になったからである。

おわりに

ユグノーの移住先としては、ほかにも南アフリカがあった。彼らは、オランダ東インド会社の船で、オランダ人とともにこの地に渡った。その数は数百名程度であったが、オランダ人と結婚する人たちもおり、その子孫は現在でも南アフリカで暮らしている。

また、これも少数であったが、東インドで貿易に従事したユグノーもいた。ユグノーの貿易圏はきわめて広く、ヨーロッパからアメリカ、さらには南アフリカと南アジアにまで広がっていた。ただし、南アフリカと南アジアでの貿易量は、そう多くはなかったことは事実であろう。

ルイ一四世がナントの王令を廃止したことで、ユグノーはヨーロッパを中心とする他地域に広まり、それらの地域の経済を成長させた――オランダを除いて――ことは間違いない。ユグノーの多くがフランス国籍をもったままだったという事実を考えるなら、彼らがフランス人としてのアイデンティティを失ったというべきではないであろう。

ユグノーは、基本的に改革派教会のネットワークを通じて移動した。これは、ジュネーヴを根拠地として広がった、国境を越えたプロテスタントのネットワークである、プロテスタント・インターナショナルが確実に機能していたことを示す。だからこそ、ユグノーのディアスポラが可能になったのである。

第五章　スコットランドとアイルランドのディアスポラ

はじめに

イギリス史とは、英語ではBritish Historyという。どこにも、「イギリス」にあたる単語は入っていない。それは日本人の、Britainとはイングランドを中心とする国だという意識の表れであろう。実際には、イギリス人のお雇い外国人のなかには、スコットランド人も多かったが、彼らは「エゲレス人」のなかに入れられたのである。

そして、イングランド中心ではなくスコットランド、アイルランドなども含みこんだイギリス史を書かなければならないという意識をもった歴史学を、ニュー・ブリティッシュヒストリーという。たしかに、イングランドだけでイギリスを語ることはできない。だがそれと同時に、現在のイングランドの人口は約五六〇〇万人、スコットランドの人口は約五五〇万人、アイルランドの人口は約五〇〇万人なのだから、イギリス史の中心がイングランドであることはどう考えても否定できない。しかもスコットランド移民もアイルランド移民も、イングランドを中心とする帝国の発展と大きく関係していた。すなわちスコットランドとアイルランドからの移民は、大英帝国の形成と大きくリンクしていたのである。

むろん、彼らの活動領域はそれだけにとどまらない。スコットランドは地理的関係から、北欧との関係が強く、スコットランド人は兵士、さらには商人としても活躍していた。彼らはカルヴァン派の長老派教会に属し、イギリス国教会とは相容れなかった。アイルランド人は、カトリックのネットワークを利用し、ヨーロッパ外世界にまで進出したのである。

1 近世のイギリス

スコットランドとイングランド

ここではまず、近世イギリス史の概観をざっと見ていきたい。イングランド女王エリザベス一世は生涯独身であり、跡継ぎがなかったので、スコットランド王であったジェームズ六世がイングランド王ジェームズ一世（在位一六〇三～二五）になった。これで、イングランド王とスコットランド王は同一人物となり、この二国は同君連合になったのである。だが、そもそもスコットランドはカルヴァン派である長老派の国であり、本来はイングランド王として不適当であった。

しかしジェームズ一世は、イギリス国教会の権力を強化することに専念した。そのために、一般のピューリタンは国王の専制から逃れるべく、新世界のアメリカに渡った。アメリカがピューリタンの国になったのは、そのためである。

一六四〇年、スコットランドの長老派の反乱により議会を開催したが、わずか三週間で閉会になった。これは短期議会と呼ばれる。しかしチャールズ一世（在位一六二五～四九）は、スコットランドへの賠償金を支払うために、再度議会を招集しなければならなくなる。これが長期議会である。この議会は、一六五三年にクロムウェルによって解散させられるまで続いた。チャールズ一世は王権神授説により、圧制を課し、ピューリタンを弾圧した。そのため国王を支持する王党派と議会を支持する議会派の対立が激化し、一六四二年に武力対立に至り、ここにピューリタン革命が勃発したのである。

最近ではこのような見方に対し、イングランド、スコットランド、アイルランドの三つの王国が一人の個人によって統治されたことから生じた戦争（三王国戦争）とする見方も提起されている。これは、「ピューリタン革命」という見方が、イングランド中心的でありすぎるという意味でもある。さらに、ピューリタン革命から名誉革命までの時代を「イギリス革命」の時代ととらえる人たちもいる。ピューリタン革命時代にクロムウェルが導入したきわめて重要な二つの経済政策――航海法と消費税の導入――が、その後のイギリス史できわめて大きな意味をもった。一六五一年に公布した航海法は、イングランドの船か現地の船で輸入することを定めたものであり、オランダの中継貿易を排除する目的があった。そのため一六五二～五四年に第一次英蘭戦争が生じた。イングランドは、この法の制定によって、保護海運政策をとり、やがて世界一の海洋帝国に至る道が開かれることになった。

もう一つの、一六五四年にクロムウェルが導入した消費税は、やがてイギリスの税の根幹をなすようになる。戦争の時代に公債を発行し、その返済のために消費税が重要になっていったのである。

王政復古から名誉革命へ

チャールズ二世（在位一六六〇～八五）は、実際にはカトリックの信者であった。そのため、イングランドを徐々にカトリックの国にしようと考えた。たとえば一六七二年に、チャールズ二世は「信仰自由宣言」を出し、カトリックを公認しようとしている。このような動きに対し、議会は大きく反発した。もはやクロムウェルの時代とは異なり、独裁者が自由に政治を操れる時代ではなくなっていた。一六七三年に審査法を制定し、イギリス非国教徒の公職就任を禁止した。また、一六七九年に人身保護法を制定し、イギリス国民を不当に逮捕しないことが定められた。

チャールズ二世には子どもがなく、弟ジェームズの王位継承を認めるかどうかで議会内に対立が生じる。ジェームズの王位継承権を認めるトーリーと、それに反対するホイッグという二つの党派が誕生し、それが、イギリスの二大政党制誕生のきっかけとなった。このトーリーとホイッグの対立は、トーリーが勝利し、ジェームズ二世が誕生する。

ジェームズ二世は、カトリックの公職への就任を認め、一六八七年には信仰自由宣言を発し、カトリック教徒の聖職就任を許可した。そのため議会との対立は激化していった。ジェームズ二世の二人の娘のうち、長女メアリはプロテスタントでオランダのオラニエ公ウィレムと結婚し、妹のアンは独身で国教会信徒であった。ジェームズ二世には長く男子が生まれなかったが、一六八八年に男子（ジェームズ）が生まれると、カトリックの洗礼を受けさせた。

そのため、トーリーとホイッグはカトリックの国王の阻止という点で利害が一致した（さらに、フランス王ルイ一四世のイギリスへの多大な影響力を恐れていた)。そこでジェームズ二世を追放し、メアリとその夫オラニエ公をイングランド国王にするべくクーデタを起こした。これが、「名誉革命」であり、一滴の血を流すこともなく国王が変わったという点が「名誉」だという意味である。ジェームズ二世は、フランスに亡命した。ただし現実には、スコットランドとイングランドでは戦争があり、血が流れているので、「名誉革命」とはイングランド中心史観にほかならない。

翌一六八九年にオラニエ公ウィレムはウィリアム三世となり、メアリ二世とイギリスを共同統治することになった。統治にあたっては、「権利の宣言」を認めることが条件とされた。その内容は、「立法権・徴税権・軍事権が議会にあることを保障し、さらに王を任免する権利も議会にある」というものであった。イギリスの議会政治の進展が、ここに見て取れる。その一方で、ジェームズ二世の子をジェームズ三世としてイギリス王として戴冠させるという運動は、スコットランドを中心に展開し、イギリス王室にとって一つの脅威となった。

ハノーファー朝

ウィリアム三世とメアリ二世には子どもがいなかったので、メアリの妹であるアン(在位一七〇二〜一四)が国王(女王)となった。彼女の治世下でおこなわれたスペイン継承戦争(一七〇一〜一四)では、イギリスはフランスに勝利し、この戦争と並行して北米で起こったアン女王戦争では現在のカナダの一部がフランス領からイギリス領になった。さらに一七〇七年には、スコットランドとの合同(Union)が成立し、スコットランドは名実ともにイングランドに吸収され、グレートブリテン王国が誕生した。

一七一四年にイギリス国王となったジョージ一世はドイツ出身であり、英語は話せなかった。さらに、しばしばドイツに帰り、イギリスの政治をおろそかにした。しかしそのために、イギリスでは議会制民主主義が発展したとされる。南海泡沫事件の後始末のため、ウォルポールが首相（第一大蔵卿一七二一〜四二）になり、彼のもとで責任内閣制が発達したのである。責任内閣制とは、議会の多数派を占める政党が内閣を構成し、彼らは国王ではなく議会に責任を負うというシステムである。この時代のイギリスで生まれた制度が、現代の民主政治の源流となる。

ジョージ二世（在位一七二七〜六〇）が即位した頃には、ウォルポールによる責任内閣制が確立しており、国王が現実の政治に口を出すことはあまりできなかった。ジョージ二世の在位中にオーストリア継承戦争（一七四〇〜四八）が生じた。それと同時に、スペインとは西インド諸島でジェンキンズの耳戦争、フランスとは北米大陸でジョージ王戦争、さらにインドではカーナティック戦争が起こり、イギリスは、帝国主義的な戦争に従事することになる。大英帝国は拡大し、イングランドのみならず、スコットランドやアイルランドも帝国に組み入れられていった。

続くジョージ三世（在位一七六〇〜一八二〇）の治世は六〇年間と非常に長く、その統治は波乱万丈であり、多数の戦争が戦われた。フランス革命、ナポレオン戦争が生じ、イギリスは何度も危機的状況に陥った。しかしイギリスはそれを克服し、ヨーロッパ経済のヘゲモニーを握る国になったのである。また、一八〇一年にはアイルランドを併合し、国号は正式に、「大ブリテンおよびアイルランド連合王国」となった。ここに現在のイギリスの原型が形成されたのである。さらに産業革命が発生し、イギリスは「世界の工場」になっていった。

ジャコバイトの反乱

一六八八年の名誉革命で、ジェームズ二世はフランスに亡命した。同王とその子孫が正当なイギリス王位の継承者であると主張するジャコバイトの根拠地は、スコットランド、とくにハイランド地方にあったが、アイルランドにも多数存在した。イングランドの進出により、アイルランドでは国教徒がカトリック信徒を支配する構造が成立しており、カトリック信徒は、カトリックの国王を支持したのである。

名誉革命が終結したばかりの一六八九年にウィリアマイト戦争が勃発し、それは一六九一年まで続いた。このときアイルランドのジャコバイトはイングランド軍に敗退し、多数派のカトリック信徒は国教徒に完全に従属するようになった。

一七一四年にイギリスでハノーファー朝が成立すると、翌一五年にジャコバイト蜂起が発生したが、スコットランドのジャコバイト軍はイギリス軍に敗北した。さらに一七四五年にもジャコバイト蜂起が起こるが、これもジャコバイト側の敗北で終わり、イギリスのカトリック勢力は大きく後退した。イングランド政府にとって、ジャコバイトの勢力は脅威であった。それは、イングランド政府が、スコットランド人とアイルランド人をあまり信用がおけない人々だとみなしていたということである。

イギリス史家リンダ・コリーによれば、カトリックのフランスがイギリスに侵略するのではないかという恐怖心はイギリス国民のあいだで強く、そのためプロテスタントの国イギリスという意識が非常に強くなり、自分たちは一つの国民（ブリテン人）だという意識が生まれたという。

しかし、それはより正確にはイングランド人の意識であり、一般のアイルランド人からはかなり遠いものであった。またカトリック商人とプロテスタント商人が商取引で協働することは決して珍しくはなかった。さらにいえば、同じ宗派同士の取引だけではなく、違う宗派と取引することもあった。言い換えるなら、ナショナリズムの高揚があったとしても、異文化間交易もあったのである。

2 スコットランド移民の変遷

スコットランド移民小史

スコットランド人とは、アイルランドから入植者としてスコットランドに定住した人々であり、六世紀頃にアーガイルに定住した。その後まもなく北海を渡りイングランドに定住し、スコットランドの南東部にも定住した。彼らの入植以前、中央・東スコットランド地域にはケルト系のピクド族、南・西スコットランド地域には南からのブリトン族が居住していた。（中略）

続いて八〜一〇世紀頃に、北ヨーロッパのノース族、スカンディナヴィア族が北海を渡って到来し、スコットランド北部のケイスネス、オークニィ、さらにシェトランド島に定住した後、スコットランド東・南部海岸を南下し進出した。

（中略）その結果スコットランド人の部族は、ケルト族とチュートニック族の二大流からなり、前者にはゲーリック語のスコットランド人、ピクト語のピクト人、ウエルシュ語のブリトン人、後者には英語のアングル人、ノルマン語のスカンディナヴィア人、フランス語のアングロ・ノルマン人となった。
（北政巳『近代スコットランド移民史研究』文章一部変更）

これは、スコットランドに住み着いた人々の変遷を簡単にまとめた記述である。スコットランドのディアスポラ、つまりスコティッシュ・ディアスポラに関しては、まずこの事実を押さえておくことが必要である。

スコットランド人は、兵士として知られていた。おそらく一五世紀には、フランスに従軍して財産を獲得しようとしていた一万人のスコットランド兵士がいた。一三世紀から一四世紀にかけ、ハイランド地方の傭兵がアイルランドで活躍しており、アイルランドで定住するようになった。一四九六年、デンマーク国王はスコットランド人の行商人の行動を制限しておかなければならないと感じていたし、一六世紀にはプロイセン、デンマーク、スウェーデンへのスコットランドからの行商人と兵士の移住が急速に増大した。一六世紀後半になると、スコットランド人のポーランドへの移住が、無視できない数に達した。

スコットランド人は、一五〇九年にはクラクフの、六四年にはワルシャワの市民権を獲得したばかりか、七〇年頃から、その数は急速に増加した。少数ではあったが、無視できない数のスコットランド人が、宗教改革が生じる前から、ポーランドのダンツィヒ（現グダンスク）、北欧のコペンハーゲン、ヘルシンゲル、マルメ、さらに低地地方のブルッヘにも定住するようになった。スコットランド人は貿易商人として、フランスのディエップ、ルアン、ラ＝ロシェル、ボルドーで活動した。またもスコットランドとハンザ同盟諸都市との取引がおこなわれていた。

一六世紀後半になっても、スコットランド人はアメリカとの取引にはほとんど関心を示さなかった。しかし一七世紀後半になると、スコットランド国内では有利な雇用がなかったので、スコットランド人は新世界へと向かうようになる。一七世紀中頃のスコットランドの人口はおよそ一〇〇万～一二〇万人と推測されており、人口は毎年二〇〇〇人ずつ減少していたと思われる。移民の平均年齢は、一五～三〇歳であった。

スコットランドから新世界への移民については、一六四八年から六〇年にかけて、およそ二〇〇〇人が移住したと考えられている。一六六〇年の王政復古から一七〇七年の合同まで、新世界への移民数は約五〇〇〇人であった。一六七三年には二万一〇〇〇人の白人がいたが、そのうち半数がイングランド人、残りの半分がスコットランド人、アイルランド人、フランス人、オランダ人、ユダヤ人であったと推測されている。

またアイルランドのアルスター地方は、スコットランドのローランド地方（スコットランド中部の低地帯）の人々にとって、重要な移住先になった。一六二五年には、八〇〇〇人のスコットランド人男性が兵士として、それに加えて六〇〇〇人の女性がアルスター地方に定住した。一六三三年以降その数は増え、ピューリタン革命直前の一六四一年には、少なくとも二万人、おそらくは三万人のスコットランド人がアイルランドに定住した。一六六〇年の人頭税の記録から推測するなら、クロムウェルの時代に、スコットランドからアルスター地方に四万～五万人が移住したようである。だが、一六六〇年代の移民はあまり多くはなかった。一六七四年以後、アイルランド経済が成長し、スコットランド経済が不況に陥ったので、スコットランドからの移民数は増えた。アイルランドの記録から判断するなら、一六六〇年から八八年にかけて、一万人がスコットランドからアイルランドに到着した。一六九〇年代には、スコットランドからアイルランドへと、四万～七万人が移住したと思われる。

北海・バルト海地方とスコットランド移民

イングランドが大西洋経済との関係を強化するとともに、スコットランドもその一端を形成するようになった。しかし、大英帝国に組み込まれる以前には、移住パターンはそれとは違っていた。この時代のスコットランドの人口は、全体で一〇〇万人にすぎなかったが、一七世紀のあいだに、スコットランドからの移民は、合計で二〇万人に達した。とりわけ、若者がスコットランドからイングランド、さらには海外に出て行った。

一六五〇年頃には、スコットランドからポーランドに向かう移民が多い。また、アイルランド、ハプスブルク領ネーデルラント、イングランドへと向かう移民もいた。この時点では、スコットランド移民は基本的にヨーロッパ内部に移住していたのである。一七世紀最初の数十年間には、三～四万人ものスコットランド人が外国に移住していたのに対し、一六〇〇～五〇年に、スコットランドに住むスコットランド人の数は、毎年二〇〇〇人ずつ減少している。スコットランドは、移民の国であった。

さらにスコットランド人は、先述のようにすぐれた兵士であり、彼らは傭兵として他国に雇われたのである。その伝統は、一六世紀にまで遡る。たとえばデンマーク国王は、一五六八年に二〇〇〇人のスコットランド兵士をリクルートした。スカンディナヴィアにおけるスコットランド人傭兵への需要は大きかったが、それは他地域にもあてはまった。一六二〇～四二年には一万三二〇〇人がフランス、二八〇〇人がオランダ、八〇〇人がスペイン、二〇〇人がロシア、一五〇〇人がベーメンで兵士としてリクルートされた。一六一八～四八年の三十年戦争では、スコットランド人が傭兵として活躍した。ブリテン諸島から約一一万人が軍人としてこの戦争に参加しており、そのうち六万人がスコットランド人であったとされる。彼らは、とりわけプロテスタント国のノルウェー、デンマークとスウェーデン軍で活躍した。スコットランド人将校は、北欧の軍隊の将校として欠かせない存在であった。

　すでに一六二〇年代から、スコットランド商人はデンマークやバルト海周辺諸国に移住していたが、スコットランド人がオランダに向かったのは、この国の国教がカルヴァン派の改革派教会であり、カルヴァン派の長老派からなるスコットランド教会と親和性があったからである。そのためロッテルダムには、スコットランド人の商人や傭兵のための教会が建設された。スコットランド人は、合同以前には、バルト海地方へと積極的に移住していたが、合同すると、大英帝国内部での移住を重視するようになる。スコットランド人は、大英帝国の発展による利益の獲得に焦点を当てるようになったのである。しかもバルト海地方において、彼らは兵士として活躍していたのに対し、大英帝国内部では兵士の色彩は薄くなり、商人の役割が増加する。兵士よりも商人の方が儲かったので、スコットランド人は、大英帝国の発展による利益を享受したと考えられる。

　このようにスコットランドからは絶えず人口が移民として流出していたために、農業生産性が低い同国で人口が過剰になることが妨げられた。さらにスコットランドでは、飢饉、宗教的抗争も発生し、そのときに移民が流出していたおかげで、人口過剰により人々が貧困になることが避けられ、社会の混乱が最小限に抑えられたのである。換言すれば、移民が社会のセーフティネットの役割を果たしたのである。スコットランド人が移住したのは、海外での事業活動に参加すれば、国内にとどまるよりも、大きな利益を獲得できる可能性があったからだと考えられる。また海外にはスコットランド人社会があり、そこに行けば、少ないリスクで商業に従事することができた。

こうした移住のパターンは、イングランドとの合同によって、大きく変わった。それ以前にはイングランドの動向とはあまり関係なく移住していたのが、大きく関係するようになったのだ。それは、大英帝国が形成されるようになったからである。

スコットランド人のアメリカへの移民

一七世紀のスコットランドから、ニュージャージー州東部とカロライナ州を合わせて、およそ七〇〇〇人が移住したと推測されている。スコットランドのローランド地方からの移住者が多く、その多くは一六六〇年以降に大西洋を渡った。しかし、一七世紀においては、スコットランド移民はあまり重要ではなかった。

スコットランドから新世界へは、一六四八年から六〇年にかけて、およそ二〇〇〇人が移住したと考えられている。一六六〇年の王政復古から一七〇七年の合同まで、新世界への移民数は約五〇〇〇人であった。一六七三年には、二万一〇〇〇人の白人がいたが、そのうち半数がイングランド人、残りの半分がスコットランド人、アイルランド人、フランス人、オランダ人、ユダヤ人であったと推測されている。

イングランド人、ウェールズ人、アイルランド人と同様、スコットランド人は、プランテーションで労働し、タバコ、コメ、(織物の)染料、砂糖を生産するのに従事した。一七世紀のあいだにイギリス全体で二五万人がアメリカに移住しており、これは当時としては非常に多くの移民であったが、そのなかで、スコットランド人はたった七〇〇〇人であった。このような状況は、一八世紀になると大きく変化する。

次頁の表は、ブリテン諸島からアメリカへの移民数を表したものである。イングランド・ウェールズと比較して、人口が少ないスコットランドからの移民数が多く、しかもローランド地方の比率が高いことが興味深い。一七五〇年の時点で、イングランドの人口は、スコットランドよりも五倍も多かったのである。またアイルランド人の比率も高い。アイルランド人もまた、新世界へと向かったのである。アイルランド人もスコットランド人と同様、イングランドを中心とする大英帝国形成による利益を獲得できたことが、ここから想像できる。

ローランド地方からアメリカに移住した人々は、借地農、年季奉公人、織工、職人、農業労働者、ハイランド地方で働く小作人などであった。すなわち、貧民が移住したのである。ほとんどの人は、アメリカに渡って、より豊かになろうとしたのだ。すなわち土地を所有し、より賃金の高い仕事、さらにはイギリスでは獲得できないようなチャンスを求めて、アメリカを目指したのである。

さらにスコットランド移民は、とくに一七六〇年代から、アメリカ合衆国（ただし、当時はまだ誕生していない）のフロリダからカナダのノヴァスコシア州に至る広大な大西洋側の地域に移住するようになった。

一七七五年以前には、スコットランド人は、ニューヨーク州や荒地が多かったノースカロライナ州、ヴァージニア州に移り住むことが多かった。ノースカロライナ州は、「ニュースコットランド」と呼ばれていた。しかしスコットランド人は、さま

イングランド・ウェールズ	80
スコットランド	
ローランド地方	60
ハイランド地方	20
アイルランド	
アルスター地方	70
南部	45
合計	275

ブリテン諸島からアメリカへの移民数 1701 ～ 80 年（単位：1,000 人、出典：T. M. Devine, *Scotland's Empire : The Origins of the Global Diaspora,* London; 2004, p.97.）

地域と州	人口	スコットランド人の割合（%）
ニューイングランド		
メイン州	4,325	4.47
ニューハンプシャー州	8,749	4.5
ヴァーモント州	4,339	5.1
マサチューセッツ州	16,420	4.4
ロードアイランド州	3,751	5.8
コネティカット州	5,109	2.2
大西洋中部		
ニューヨーク州	22,006	7.0
ニュージャージー州	13,087	7.7
ペンシルヴァニア州	36,410	8.6
デラウェア州	3,705	8.0
南部		
メリーランド州	15,857	7.6
ヴァージニア州	45,096	10.2
ノースカロライナ州	42,799	14.8
サウスカロライナ州	21,167	15.1
ジョージア州	8,197	15.5

アメリカ合衆国のスコットランド生まれの人々の割合　1790年（出典：T. M. Devine, *Scotland's Empire.* p.100.）

ざまな地域に移住する傾向が見られた。

ただしその傾向は、アメリカ独立後少し変化する。上の表に見られるように、一七九〇年には南部にいるスコットランド人の比率が高い。これは、タバコや砂糖のプランテーションでの（奴隷ではない）労働に従事したためだったと思われる。

スコットランド人は、カナダにも大量に移住した。彼らは、カナダでは、イングランド人、フランス人の次に位置するほど人口が多かった。スコットランド人のカナダへの移住は、一九〜二〇世紀になっても増加する傾向にあった。一七八三年の（アメリカ独立戦争を終結させた）パリ条約以降、ハイランド地方からカナダに移住するスコットランド人が増え、一八一五年には一万五〇〇〇人になった。

ここから判明するように、スコットランド人は、大英帝国の拡大と歩調を合わせるようにして、アメリカやカナダなどの北米地域に移民していったのである。

他地域へのスコットランド移民

スコットランド人は、北米にとどまらず、大英帝国のさまざまな植民地へと移住した。インドではイギリス東インド会社の職員として働き、さらにアジア内部での貿易により巨額の利益を上げた。

またオーストラリアやニュージーランド植民地にも移住した。植民地の至る所に移住したため、スコットランド史家として名高いトム・ディヴァインは、「大英帝国とはスコットランド人の帝国であった」と主張している。

スコットランド人は、産業革命が進行中のイングランドにも移住した。企業家精神に満ちていたスコットランド人は、（スコットランドにとどまらず）イギリスの産業革命にも貢献したのである。

具体例をあげよう。蒸気機関の改良者として知られるジェームズ・ワットは、スコットランドのグラスゴー近郊出身である。スコットランドの大学は、イングランドの大学よりも実学志向が強く、そのため産業革命により適した授業をした。ワットが蒸気機関の改良に成功した一因は、そこに求められる。

スコットランド人に企業家が多かったのに対し、アイルランド人には労働者が多かった。イギリス産業革命成功に対して、スコットランド人企業家とともにアイルランド人労働者が貢献していたことを指摘しておきたい。

お雇い外国人とスコットランド人

スコットランド人が移住した先は、必ずしも大英帝国内部にかぎらなかった。極東の島国にさえ、スコットランド人はやってきた。本書の扱っている時代から少し逸脱するが、それについて述べておきたい。先に述べたように、イングランドで活躍したスコットランド人企業家は多かった。とはいえ、全体から見ればあくまで一握りにすぎず、イギリスにとどまったスコットランド人が、社会的地位を高めることはなかなか難しかった。

実際、イギリスで公職につけたのはイギリス国教徒だけであり、スコットランド人の多くは長老派に属していたこともあって、スコットランド人というだけで軽蔑されたからである。

彼らは、より高価な報酬を求めて、日本にまでやってきた。明治維新後の日本は、それまで二〇〇年以上も鎖国していたために、科学技術はもとより社会制度や教育制度など、さまざまな面で欧米よりも相当程度遅れていた。そのため日本政府は、「お雇い外国人」を高待遇で雇用し、急速な近代化を目指したことは広く知られる。

こうして雇われた人々のなかに、スコットランド人がいたのである。いうまでもなく、当時の日本人にはイングランド人とスコットランド人の区別はつかなかったから、イングランド人もスコットランド人も、「エゲレス人（イギリス人）」だとみなされていた。

そのためスコットランド人がどの程度いたのか、正確にはわからない。だがお雇い外国人のなかで「イギリス人」が占める比率がもっとも高かったことはたしかである。一八七四（明治七）年にピークに達したお雇い外国人のトップを、常にイギリス人が占めていたのは事実であり、さらに、この半数程度がスコットランド人であったという推測がなされている。

「イギリス人」が雇用された官庁としては、工部省がもっとも多かった。一八七二年には、お雇い外国人の総数が二一三人、工部省の雇用数が一五三人、そのうち「イギリス人」の数は、一〇四人に上った。「イギリス人」は、とくに鉄道、通信方面で働いた。日本の鉄道敷設にはスコットランド人技師が大きく寄与したとされる。スコットランドの首都グラスゴーはイギリス第二の工業都市であり、スコットランドの技術水準はきわめて高く、彼らが日本の鉄道建設に大きな影響を与えたのは自然なことであろう。たとえば、スコットランド人トマス・ブレーク・グラバーは、スコットランドのジャーディン・マセソン商会の長崎代理店としてグラバー商会を創始したことで知られる。彼は日本に最初の蒸気機関車を導入し、長崎で蒸気機関車の試走をしたのである。

スコットランド人の日本への貢献は、技術部門にかぎらなかった。たとえばスコットランド人アレグザンダー・シャンドは、スコットランドの銀行に入行した後、日本に招聘され、大蔵省の紙幣寮附属書記官となった。そして銀行簿記の普及に尽力しただけではなく、日本銀行の創設に関与した。

日露戦争の直前、高橋是清がロンドンでおこなった外債募集に助力したのも、イギリスに帰国していたシャンドだった。シャンドがいなければ、日本は日露戦争に勝てなかったかもしれない。日本の近代化に対するスコットランド人の貢献度は、非常に高かったのだ。

3　アイリッシュ・ディアスポラ

アイルランド小史

二〇一九年のアイルランドの一人あたりＧＤＰは約八万ドルで、世界第三位である。現在のアイルランドは、世界有数の豊かな国であるが、それは、アイルランドの法人税率が低く、多国籍企業がこの国に誘致されたことがもっとも重要な理由である。しかし歴史的には、アイルランドは貧しい国であった。

アイルランドは、ケルト文化とカトリックの国として知られる。イングランドはローマ帝国によって支配されたが、アイルランドは支配されなかった。そのため、スコットランドやウェールズとともに、先住民であるケルト人の文化が強く残ったのである。

八世紀末には、アイルランドはヴァイキングの侵攻を、さらに一一七一年にイングランド王ヘンリ二世の侵攻を受けた。これ以降八世紀間にわたり、イングランドのアイルランドに対する優位が続くことになる。

宗教改革がはじまると、イングランドでは国教会が成立し、スコットランドはカルヴァン派の長老派教会の国となった。一六世紀後半から一七世紀にかけ、アイルランドではイングランドの勢力がさらに強まり、一七世紀中頃には、クロムウェルにより侵略された。

一七世紀までに、アイルランドの政治エリートは、「ミア・アイリッシュ」、「オールド・イングリッシュ」、「ニュー・イングリッシュ」に分かれた。ミア・アイリッシュとは、テューダー朝によるアイルランドの統治改革を受容できない人々をいう。オールド・イングリッシュとは、世俗的には国王に忠実であるが、信仰面ではカトリックを信仰している人々である。ニュー・イングリッシュとは、イギリスの王権に忠実なプロテスタントの信徒である。この三つの人々のせめぎ合いが、アイルランド政治の特徴の一つになった。

アイルランドの立場は、さらに悪くなっていった。フランス革命の影響などでアイルランドに民族運動が生じたため、一八〇一年、イギリスはアイルランドを併合。ここに、アイルランドは完全にイングランドの軍門に降ったのである。

彼らは商人としても優秀であったが、軍人としても活躍した。それは、スコットランド人にもいえることであった。ただしスコットランドが長老派の国であったので、単に宗教的理由だけを考えるなら、その移住先は、カトリックであるアイルランド人よりも少なかったはずである。

アイルランド移民

近世のアイリッシュ・ディアスポラについては、一九世紀のアイルランド移民と比較すると、研究ははるかに少ない。一八四五年にはじまったジャガイモ飢饉のために、アイルランドでは一〇〇万人以上の餓死者が出て、生き延びるために人々は他国に移住することを余儀なくされた。このようにショッキングな出来事があったのだから、近代のアイルランド移民研究が盛んになったのも当然であるが、近世のアイルランドからも移民は出国していた。スコットランドと同じく貧しい国だったアイルランドは、土地は貧しく、食糧生産性が低かったので、少なからぬ人々が国外に移住しなければ、国内のアイルランド人も餓死するかもしれなかった。人口比で見ると、昔から出国者が多い国だったのである。

一方、アイルランドに入国する人々もいた。アルスター地方に移住したスコットランド人がそれにあたる。彼らはさらに、絶えず北米に向かって移住していった。一七～一八世紀のアイリッシュ・ディアスポラの様相は、一九世紀のアイルランド移民より複雑であった。

アイルランド人の定住先は、ヨーロッパ、アマゾン、北米、西インド諸島、イギリス東インド会社とフランス東インド会社の貿易地域におよんだ。カトリックである彼らは、故国だけではなく、英語圏の移住先でも、差別的扱いを受けたのである。にもかかわらず、アイルランド人は北米に移住し続けた。それは、母国にいるよりも高い水準の生活が期待できたからかもしれない。

アイルランド移民のはじまり

一五九五年から一六〇三年のアイルランド九年戦争は、アルスター地方からアイルランド各地に飛び火した、イングランドに対抗するための戦争であった。この戦争には、スペインがアイルランド側に立って参戦したが、最終的に勝利を得たのはイングランドであった。そのため、宗教的にはカトリック国の地位を確保したアイルランドであったが、政治的にはイングランドによる支配を許してしまうことになる。この戦争中の一六〇二年、キンセールの戦いでイングランドが勝利したことは、アイルランド人がヨーロッパ大陸を強く意識するきっかけになった。

アイルランドは、急速に近代化を進めることになったのである。そしてアイルランド人は、ヨーロッパ大陸の人々と絶えず交流するようになった。ただし、その中心はアイルランドからの移住であった。アイルランド九年戦争がスペイン、フランス、イングランドの当局と人々の関心を引かなかったとしても、アイルランド移民が都市に流入するようになると、すぐに人々の関心の的になった。

左の地図は、アンシャンレジーム期のヨーロッパにおけるアイルランド移民の移住先を表したものである。この地図から、スペインがもっとも多く、スペイン領フランドル地方、ウィーン、プラハ、ローマへと移住していることがわかる。つまりアイルランド移民は、明らかにカトリック地域に移住していた。

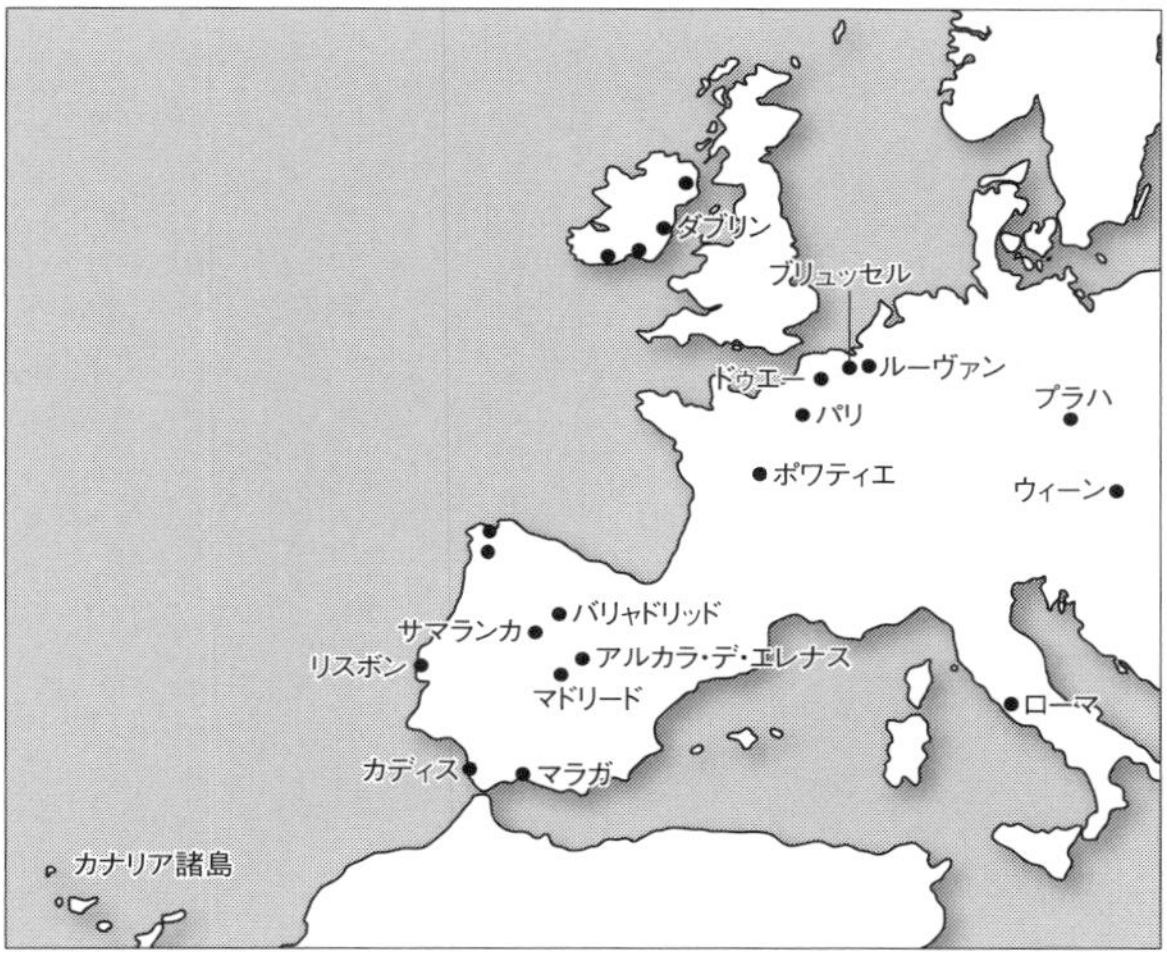

アンシャンレジーム期のヨーロッパにおけるアイルランド移民の移住先（出典：Thomas O'Connor and Mary Ann Lyons (eds.), *Irish Migration in Europe after Kinsale 1602-1820*, Dublin, 2003, p.11.）

デズモンド伯ジェラルド・フィッツジェラルド親子で起こしたデズモンドの反乱（一五六九～七三、一五七九～八三）が鎮圧されたのちにも、スペイン領であったフランドル地方にアイルランド移民が押し寄せたが、アイルランド九年戦争後の同国民のヨーロッパへの移住は、その後二世紀間にわたって増加し、ハプスブルク家やブルボン家の領域内に移住するようになった。

また、イングランドのテューダー朝とステュアート朝にしても、アイルランドの兵士

（私兵団）にアイルランド国内に止まられては、イングランドによるアイルランド統治に大きな障害が出るため、彼らを積極的にイングランドからヨーロッパ大陸に追い出そうとしていたのである。

ハプスブルク帝国内のスペインへの移住は、キンセールの戦い以後に加速化し、一七世紀初頭から、スペインにおけるアイルランド人共同体は強化されていった。その頃からスペイン政府は、スペインとスペイン領フランドル地方におけるカトリック神学校と軍隊を拡大・強化して、アイルランドからの移民増に対応したのである。アイルランド移民のスペインとスペイン領フランドル地方への増加は、両地域がカトリックを信仰する地域だったからである。

スペインとスペイン領フランドル地方への移民

アイルランドからのスペインへの移民は、ほとんどが男性であり、大まかには四つのグループに分かれていた。もっとも重要な集団は、傭兵であった。アイルランド移民の所得水準が低く、しかもこれといった技術がなかったので、傭兵になったのだと考えられよう。第二に、スペインの大学ないしスペインのアイルランド神学校で勉強をする人たち、第三に、スペインの港に居住するアイルランド商人である。そして第四が、アイルランド人女性で、その大半は傭兵の妻、その寡婦、修道女であった。

アイルランドからスペインへの移民は、すでに述べたように、アイルランド九年戦争後に増加した。その数は六〇〇〜八〇〇〇人であり、多くはスペイン北部のガリシアに定住した。一六四〇年代までは、それよりは少ない数の人々がアイルランドからイベリア半島にやってきた。

一六四一年、アイルランド人がアルスター地方のプロテスタントを虐殺し、一六四九年から五三年にかけ、クロムウェルがアイルランドを侵略し、征服する事件があった。この間を一連の戦争の時代ととらえ、一一年戦争という。クロムウェルによる侵略のため、アイルランドの人口は一五～二五パーセント低下したという意見もある。

この戦争後、スペイン王室は、二万二〇〇〇人のアイルランド人傭兵を使用した。一六三五年からの対フランス戦争、一六四〇年からのポルトガルとカタロニアにおける反乱鎮圧のためである。だが、傭兵以外にも、数百人の人々がアイルランドから去っていった。一五七八年から一六五九年にかけて、一五〇人に近いアイルランド人が、スペインで大学生になったのである。その数は、だんだんと増えていった。

やがてオールド・イングリッシュの商人が、一六世紀末からイベリア半島に定住するようになった。彼らは、軍隊と神学校にいるアイルランド移民と絶えずコンタクトをとることで、常にアイルランドとの関係を保つようにした。

スペイン領フランドル地方への移民も、傭兵が多かった。傭兵からなるアイルランド軍が編成され、スペイン王の許可によって、彼らが大量にイベリア半島からスペイン領フランドル地方へと移住したのだ。一六〇五年から五九年にかけて、少なくとも一四のアイルランド連隊がネーデルラントで編成され、そのうち七つが、四年以上にわたり活動した。アイルランド人の貧しさを考えたなら、彼らが軍人として海を渡るのは、やむを得ないことだったといえよう。

アメリカへの移民

アイルランド人は、新世界にも移住した。その歴史は、一七世紀後半にはじまる。アイルランドから新世界に五〜一〇万人が渡ったが、その大部分は年季奉公人として移住した人々で、それ以外は囚人であった。彼らは、西インド諸島のサトウキビ農場やアメリカ東部のチェサピーク湾の湾岸に築かれたタバコ農場での奴隷労働を命じられた。

次頁の表は、民族別の北米一三州への移住者数を示す。白人のなかでは、アイルランド人（北部と南部を合わせて）の移住者数が多いことがわかる。白人においては、次いで、ドイツ人、イングランド人、スコットランド人となる。

アイルランドからアメリカに移住する人々の多くは、じつはスコットランドからアルスター地方に移住した人たちであった。スコットランドからアイルランドに移住した人々は、さらに海外へと移住先を求めたのである。しかし一八世紀になるとアイルランドに移住することが難しくなった。それは表で、一七三〇〜三九年に、スコットランドからの移民が増えていることからも明らかであろう。アルスター地方はアイルランド北部に位置するので、同地方から北部一三州に移住する人々のなかには、スコットランド人がかなりの割合で含まれていたかもしれない。

アイルランド移民を見ていくためには、同時代のヨーロッパ情勢を考慮に入れなければならない。ヨーロッパの先進地域においては、外国で軍隊に入隊したり危険な地域に移住したりするのは決して魅力的な選択肢ではなかったが、貧しい国々にとっては、十分に考えうる可能性であった。

スコットランドの場合、一七世紀中頃から、兵隊以外の移住が重要になっていった。それに対しアイルランドでは、兵士になるための移住は、一七四〇年代になるまでなくならなかったからである。これはおそらく、アイルランドはスコットランドよりも貧しいため、移住のための選択肢がかぎられていたからである。

年代	アフリカ人	ドイツ人	北アイルランドの人々	南アイルランドの人々	スコットランド人	イングランド人	ウェールズ人	その他	合計
1700-09年	9,000	(100)	(600)	(800)	(200)	〈400〉	〈300〉	〈100〉	(11,500)
1710-19年	10,800	(3,700)	(1,200)	(1,700)	(500)	〈1,300〉	〈900〉	〈200〉	(20,300)
1720-29年	9,900	(2,300)	(2,100)	(3,000)	(800)	〈2,200〉	〈1,500〉	〈200〉	(22,000)
1730-39年	40,500	13,000	4,400	7,400	(2,000)	〈4,900〉	〈3,200〉	〈800〉	(76,200)
1740-49年	58,500	16,600	9,200	9,100	(3,100)	〈7,500〉	〈4,900〉	〈1,100〉	(110,000)
1750-59年	49,600	29,100	14,200	8,100	(3,700)	〈8,800〉	〈5,800〉	〈1,200〉	(120,500)
1760-69年	82,300	14,500	21,200	8,500	10,000	〈11,900〉	〈7,800〉	〈1,600〉	157,800
1770-75年	17,800	5,200	13,200	3,900	15,000	7,100	〈4,600〉	〈700〉	67,500
計	278,400	84,500	66,100	42,500	35,300	〈44,100〉	〈29,000〉	〈5,900〉	(585,800)

民族別の北米13植民地への10年毎の移住者数（出典：Aaron Fogleman, "Migrations to the Thirteen British North American Colonies, 1700-1775: New Estimates", *The Journal of Interdisciplinary History*, Spring, 1992, Vol.22, No.4 p.698.）

ヨーロッパの他地域に移住するアイルランド人

近世においては、宗教戦争をはじめとする戦争のため、兵士になることを目的とする移住機会は多かった。一六四八年には、中欧で、二一万人が軍隊で雇用されていた。一七一〇年には、フランスだけで、二五万人が軍隊で働いていたが、平時には、その数は一二万人へと減少した。軍事奉仕は厳しく、報酬は少なかったので、北西ヨーロッパの裕福な人々には魅力がなかったが、貧しい国の人々にとっては魅力的であった。リクルートされる兵士には、浮浪者や犯罪者が多かった。繰り返される戦争のため、フランドルのなかの貧しい地域、ライン川両岸の丘陵地に住む人々、スイスやアルプスの住民、さらにはアイルランド人やスコットランド人までも、兵士として働いたのである。

アイルランドに関しては、貧困と傭兵になることは、まさに表裏一体の関係にあった。一五八〇年代から一六三〇年にかけ、そして一六五二~九一年に同国から大量の人々が傭兵として出国したのは、雇用が不足していたことが最大の要因であった。一六三九~四〇年には、約五〇〇〇人がフランスで従軍した。一六五二~五四年には、スペインの軍隊で働くために二万五〇〇〇人が、そしてフランスの軍隊の傭兵として一万~一万五〇〇〇人が、アイルランドから送られたとされる。戦争が続いていたため、兵士への需要は、一七~一八世紀を通じて多かった。

イギリス軍は、カトリックのアイルランド人を軍人としてはなかなか受け入れなかったが、プロテスタントの兵士に固執していると、フランスとの戦争を継続できなくなる可能性があった。そのため一七三〇年代になってようやく、カトリック、プロテスタントを問わず、陸上生活者を海軍にリクルートするようになった。だが法的には、カトリックの従軍が許されるようになるのは、一七九三年まで待たねばならなかった。

アイルランド商人は、いくつもの地域に広がった。なかでもロンドン、ナント、ボルドー、カディスには大きな居留地を築いた。西インド諸島においては、商人はプランテーション所有者であった。アイルランド人は、イギリス、フランス、オランダ、デンマークの植民地に居住していった。ここからわかるように、アイルランド人は、カトリックの植民地だけに移住したわけではなかったのである。

アイルランド移民は、人口が増加した結果、絶対数は増えたものの、人口一〇〇〇人あたりの移民数は増加しなかった。アイルランドの人口一〇〇〇人あたりの移民数が最大となったのは一七世紀の第三四半期で、一七四〇〜五〇年代には最低になった。とりわけ移民の比率が高かったのは、スコットランドからアイルランドに定住した人たちであり、アイルランド平均の四倍になった。その中心はいうまでもなく、アルスター地方に移住したスコットランド人であった。アルスター地方のプロテスタントの移住数は、一七五一〜七五年には、一七〇一〜五〇年の三倍以上に達したのである。アイルランド人の北米への移民のピークは、一七七三年であった。

アイリッシュ・ディアスポラとオーステンデ

フランドル地方はスペイン領に属していたので、カトリックの地域であった。ネーデルラントがスペインからの独立戦争（八十年戦争／一五六八〜一六四八）中のオーステンデ包囲戦（一六〇一〜〇四）において、スペイン軍はオーステンデを陥落させた。この地はフランドル地方最後のプロテスタントの地域であったので、これ以降スペイン領フランドルは、カトリックの地域になった。そのためカトリックのアイルランド人にとって、フランドル地方は移住先、さらには取引先として魅力がある土地となった。

ヨーロッパの経済的中心であった南ネーデルラントは、イングランド、オランダ、フランスの大西洋経済と大きく関係していた。英仏海峡と北海南部の諸港が、南ネーデルラントとの取引関係を強めたからである。オーステンデは大西洋に開かれた港となった。一六六二年にフランスがダンケルクを自国領にすると、オーステンデが、フランドル地方とブラバント地方の唯一の国際的貿易港になった。一六五〇～七〇年頃に有名なアイルランド人の商家のいくつかがオーステンデに定住すると、この都市は貿易により大きく繁栄することになった。

一八世紀には、著名なアイルランド商家であるリンチ家の商業ネットワークが、ロンドンから大西洋を越え、西インド諸島、さらにはニューヨークにまで取引先を広げた。さらに彼らは、ナントとボルドーからワインとブランデーを輸入し、それらをヘントとブルッヘに居住する顧客に販売した。ここからも、オーステンデが、フランスと大西洋経済と関係した貿易港であったことがわかる。

オーステンデはまた、オーステンデ会社の根拠地であった。同社は、一七二二～二七年の短期間しか活動しなかったが、アジアとの交易に従事した貿易会社である。この会社に、アイルランドからオーステンデに移住した人々が参画した。またオーステンデ会社で貿易活動をした人々のなかには、スウェーデン東インド会社で働いたものもいた。スウェーデン東インド会社は、一七三一～一八一三年に活動し、中国の広東から茶を輸入することにほぼ特化した会社であった。したがってオーステンデに移住したアイルランド人が、さらにスウェーデン東インド会社の根拠地のあったイェーテボリに移住した可能性がある。

しかも一六九五～一七〇六年には、ジャコバイトのアイルランド商人がオーステンデに到着した。ジャコバイトの移住先としては、フランスとスペインが有名であったが、南ネーデルラントもそれに加わったのである。そのうえオーステンデは、イングランドの産品をヨーロッパ大陸で販売するためのハブの役割を果たした。オーステンデは貿易都市として重要だったばかりか、その交易圏は新世界からアジアにまでおよんでいたのだから、アイルランド商人にとって非常に魅力的な移住先に見えたはずである。

一六五〇〜一七五〇年において、アイリッシュ・コネクションは、オーステンデとブルッへの経済成長に対してポジティヴな影響をおよぼした。一七〇〇〜三〇年頃のフランドル地方にアイルランド商人が定住し、彼らがオーステンデの国際貿易で欠くことができない大きな役割を演じた。これは、アイリッシュ・ディアスポラが大きな役割を果たした典型的事例である。オーステンデに移住したアイルランド商人は、ロンドンやフランスの大西洋岸の港湾都市、イベリア半島、さらには新世界やアジアとの取引に従事し、大きな利益を獲得したのだ。

おわりに

スコットランドもアイルランドも、ヨーロッパの小国である。最近の歴史研究では、大国ばかりではなく、このような小国がヨーロッパ史に与えた影響力の大きさが強調される傾向がある。

彼らは、大国では利益の出ないニッチな市場を狙って、大きな利益を得た。スコットランドとアイルランドは、イギリス（Britain）の一国というだけではなく、彼ら独自の利益のためにしたたかな活動をした国家だととらえるべきであろう。

たとえばスコットランド人は、大英帝国内のさまざまな地域に移住した。アメリカ、カナダのほか、インドではイギリス東インド会社の職員になり、さらにはオーストラリアやニュージーランドにまで移住先を求めた。スコットランドは、イングランドとの合同がなされた一七〇七年以前から、北海・バルト海地方を中心にヨーロッパ各地に移民を送り出していた。だがイギリスの一端を形成するようになると、積極的にその植民地に出かけ、大英帝国からの移民の少なからぬ部分を構成するようになった。スコットランドは、やはり貧しい国であった。世界各地に植民地ができると移住し、そこでより豊かになることを選ぶ人も多かった。スコットランド人は、イングランドとは宗派が違うというマイナス面のために社会的階層を上昇することは困難であったとしても、大英帝国をうまく利用することで、利益を得てきたと考えるべきだと思われる。

同様の傾向は、アイルランドにもあてはまる。アイルランド人は、ともすればイングランド人によって迫害されたと思いがちであるが、彼ら自身、大英帝国のコネクションを使い、新世界へと移住した。もし、貧しいアイルランドの人々が大英帝国内部で移住しなかったなら、どれほどの人たちが飢餓に苦しんだであろうか。しかもアイルランド人は、カトリックのネットワークを使用し、フランスやスペイン、さらには南ネーデルラントへと移住し、ネットワークを拡大した。もし、アイルランドをイギリスの一国としてしか見なかったなら、アイルランドがヨーロッパ大陸に与えたポジティヴな影響を見逃すことになりかねない。

繰り返すが、スコットランド人とアイルランド人は、イギリスという国の一員としての立場をうまく利用したばかりか(イギリスのアイルランド併合は正式には一八〇一年であるが、実質的にはイングランドによって支配されていた)、独自のネットワークを使うことで大きな利益を得た。そのネットワークにおいては、アイルランドの方が、より宗教的な色彩が強かった。しかしスコットランドにしても、長老派の信仰を維持しながら、大英帝国を巧みに利用してディアスポラとなっていったのである。彼らは、じつにしたたかな人々だったともいえよう。

第六章　アシュケナジムの役割

アシュケナジムとは誰か

欧米には、ユダヤ人の歴史研究の確固とした伝統がある。近世ヨーロッパのユダヤ人研究においては、セファルディム（イベリア半島系のユダヤ人）の研究が目立ち、それと比較して東欧系ユダヤ人のアシュケナジム（アシュケナージ）の研究は少ないという印象がある。たしかに、新世界でサトウキビの栽培法、砂糖の生産方法の伝播の担い手となり、アジアとの貿易でも活躍したセファルディムと比較するなら、基本的にヨーロッパ内の移動にとどまったアシュケナジムの役割は、あまり大きくなかったと想像される。

アシュケナジムの活動が目立つのは、近代になってからである。たとえば有名なロスチャイルド家は、アシュケナジムに属するユダヤ人の家族である。本書で対象としている時代のユダヤ人の商業活動の中核は、セファルディムからアシュケナジムへと変化しつつあったといえるであろう。一九世紀になると、明らかにアシュケナジムの方が有利になった。アシュケナジムは、東欧からドイツにかけ、商業活動、金融取引で非常に重要な役割を果たした。そのネットワークは、イギリスやイタリアにまで拡大している。イギリスでは、ダイヤモンドの貿易で活動した。ここでは、アシュケナジムが本格的に活躍する以前の時代を論じる。

1　アシュケナジムの起源と東欧

東欧への移動

アシュケナジムは、東欧のハザールという国を起源とする。漠然と、そのようなことが考えられてきた。しかしそれは、これといった根拠がある主張ではなく、現在では否定された学説である。アシュケナジムの起源については諸説あり、ミトコンドリアＤＮＡの分析までなされているにもかかわらず、現在もなお謎だといって差し支えあるまい。だが、たとえそれが不明であったとしても、ここでの立論には影響しない。

より正確には、アシュケナジムとは、フランスとドイツから東欧に移住したユダヤの人々である。一三世紀までは、東欧にはユダヤ人はほとんどいなかったことはたしかであり、それ以降に増えていったと考えるのが妥当である。近世において東欧にユダヤ人が移動した状況については、次のような発言がある。「一三世紀、とりわけ一四世紀は、ポーランドにユダヤ人が定住した時代だとみなされるべきである。それに対し一二世紀には、ごく少数の個人ないし集団がいたにすぎない」

東欧への移住は、一二六四年、ポーランド大公ボレスワフ敬虔公がカリシュの法令と呼ばれる諸権利をユダヤ人に与えたことで加速化された。ユダヤ人は保護され、法権が付与され、金融業と商業の自由が保障されたのである。さらに一三三四年にカジミェシュ三世は、ユダヤ人の権利を再確認した。一三八八年には、リトアニアのブレスト＝リトフスクとトラカイで、ユダヤ人に重要な特権が付与された。

そのため、ユダヤ人がポーランドに移住しやすくなった。ユダヤ人は土地を開墾し、貿易を発展させたので、ポーランド国家の財政に大きなプラスになった。ユダヤ人に特権が付与されることは、中世には例外的なことであったが、ポーランド国王によって保護されることで、国庫に税金を納めることに貢献したのである。彼らは、ポーランドに居住する人々のなかで特異な地位を占め、一種の自治権を有していた。だが現実には、ユダヤ人は都市の限定された一角に居住していた。

一六～一八世紀の状況

一五六九年にリトアニアと合同することで、ポーランド・リトアニア共和国が誕生した。同国は、多宗教・多宗派の国家になった。カトリックのポーランド人とリトアニア人に加えて、ハンザ諸都市のプロテスタント信徒、そしてウクライナの正教徒がいた。ユダヤ人であるアシュケナジムは、そのなかの一つの集団を構成するようになった。

一六世紀には、ポーランドの領土が東方に拡大することに寄与した地主貴族が、ユダヤ人がもっていた特権を受け継ぐことになった。そのためポーランド国王ジギスムント一世がユダヤ人に付与した徴税請負の仕事はなくなり、貴族がそれを代替することになった。しかもユダヤ人の自治は変化し、ユダヤ人共同体は金権政治の支配階級によって統治されるようになる。国王に対する税金債務が多かったために、ユダヤ人共同体は地方の修道院から巨額の貸付を受けたが、その利子率が高いために、ユダヤ人は貧乏になっていった。

一七世紀になると、中欧からの移民の動きが活発になり、多くのユダヤ人がオーストリアやボヘミアからハンガリーに移住した。リトアニアのヴィルニュスがユダヤ教の聖典であるタルムード研究の中心地になり、その研究書は遠く離れた中欧でも読まれた。ヴィルニュスが、東欧のユダヤ人の学問研究で非常に重要な場所になったのである。

ポーランド・リトアニアの政治状況は、三十年戦争の結果大きく変化した。ポーランド・リトアニアでは、暴力行為がエスカレートしていき、ポーランドのカトリック信徒の貴族のあいだで紛争が生じた。ポーランド・リトアニアの多くのユダヤ人は、各地域の貿易商人によって奴隷となり、オスマン帝国に売られた。一七世紀後半になると、セファルディムとロマニオット（ギリシアに居住していたユダヤ人）がすでに定住していたオスマン帝国で、アシュケナジムの数が増えていった。

このような傾向は、一八世紀も続いた。当時ユダヤ人は、ポーランド・リトアニアの人口のほぼ七パーセントを占めていたが、この地のユダヤ人共同体が負っていた税金債務は、おおむね三〇〇万ズロチであり、これは当時として、かなり巨額であった。その状況は、一七六四年の税制改革のためにさらに悪化した。

そして三度にわたるポーランド分割（一七七二、九三、九五）により、ポーランド・リトアニアのユダヤ人はロシア帝国の臣民になった。一七九一年の法令により、ロシア西部の特定の地域に対する住居が限定され、ポーランド、リトアニア、現在のウクライナとベラルーシのユダヤ人は、二〇世紀に至るまで、この地域に住まわせられることになった。

2　三十年戦争とユダヤ人

三十年戦争の影響

三十年戦争によってドイツは大きく荒廃した。そのため、ドイツ、ベーメン、モラヴィア、シュレジエンのユダヤ人のあいだに、人口学的変化が生まれた。最近の研究によれば、中欧におけるユダヤ人の数は三十年戦争の結果として増加することはなく、一般的にユダヤ人の地位は向上した。しかしその一方で、戦争中、ユダヤ人が避難所を求めて流浪し、新しいユダヤ人共同体が中欧で生まれた。ポーランドやリトアニアに定住したユダヤ人がいれば、オランダに渡ったユダヤ人もいたのである。

ユダヤ人がオランダに定住することは、決して困難ではなかった。オランダは、新教のカルヴァン派の国家であり、彼らが属する改革派教会はカトリックに敵対的であったが、先述のように、宗教的には他国よりもはるかに寛容であったためだ。

アムステルダムでアシュケナジムの共同体が初めて創設されたのは、一六三五年のことであるが、それは明らかに、三十年戦争によりユダヤ人が移動した結果であった。アムステルダムには、アシュケナジム以前に、セファルディムが定住していたが、彼らはアシュケナジムに対して、アンビバレントな態度をとった。アシュケナジムに対する配慮を示し、彼らを助けたものの、貧しいアシュケナジムが大量にアムステルダムに来たことで、彼らの財政的負担となるのではないかと懸念したのである。

三十年戦争が終わった一六四八年以降、ドイツからのユダヤ人がオランダにどっと流入するようになった。ロッテルダムでは、一六六〇年頃からアシュケナジムが活発に活動するようになり、さらに、その他のオランダ諸都市にも、アシュケナジムが流入した。

一六三〇年代には、アシュケナジムは主としてドイツからアムステルダムに到着していた。同時に、数は多くはなかったが、ポーランドから来たユダヤ人もいた。アムステルダムの一六四一年の民族のリストには、三四〇名のアシュケナジムが記載されており、そこには、女性も子どもも含まれている。だが、このリストに掲載されているアシュケナジムが、アムステルダムに移住したすべてのアシュケナジムだったわけではない。このリストにはセファルディムによる援助を受けたアシュケナジムが掲載されているだけだからである。とはいえ、さまざまな状況を考慮すると、一六四〇年代には五〇〇名程度であったと推測される。この頃、アムステルダムのユダヤ人の多数派はセファルディムであり、セファルディムと比較すると、アシュケナジムはおおむね貧しかった。

バルト海貿易とアシュケナジム

一六世紀後半から一七世紀前半にかけ、ヨーロッパ全体で人口増のため食料不足に陥っていた。アムステルダムはバルト海地方、とりわけポーランドのダンツィヒ（グダンスク）から大量の穀物を輸入しており、それをヨーロッパ各地に輸出していた。オランダ経済は、穀物輸送を中心とするバルト海貿易で巨額の利益を得ていた。そのため、バルト海貿易は、オランダの「母なる貿易」といわれる。

この取引に、アシュケナジムが間接的に参画していたようなのである。ただしユダヤ人は一六一六年にダンツィヒに追放されてから、この都市に入ることは禁止されていた。一六二〇年代初頭には、ユダヤ新商人はダンツィヒに滞在することが許されるようになるが、居住はできなかった。私の推測では、アムステルダムに居住するアシュケナジムは、おそらく穀物の買い付けにダンツィヒまで赴いたが、そこに滞在することはできず、別の宗派の人々がそれを代行したのだろう。ただし、これを明確に証明する史料は見つかっていない。

アシュケナジムのなかには、ポーランドからドイツに移動し、さらにアムステルダムに移動した人たちもいた。一六三〇年代においては、ドイツ在住のユダヤ人は五万人をあまり超えないことから、アシュケナジムがアムステルダムで重要になったのは、それ以降のことと考えられる。

アムステルダムとユダヤ人——去る人と来る人

東欧からの移民は、一六五〇年代後半から目立つようになった。しかしアムステルダムの生活費はきわめて高く、貧しい移民であるアシュケナジムは滞在費を捻出することができなかったため、アムステルダムは、アシュケナジムにとって、いわば通過点にすぎなかった。

彼らはここから、ドイツの別の土地へと移住した。ドイツのフランクフルト（アム・マイン）に移住すると、食料が与えられた。

さらにまた、リトアニアから避難民を乗せた船舶が、リューベック、ハンブルク、アルトナ（ハンブルク近郊のデンマーク領の都市）に到着したが、その多くは、別の地域へと移動しなければならなかった。ポーランドとリトアニアからアムステルダムに移住した避難民の数を推計することは不可能だが、一六七〇年代初頭にアムステルダムに居住していたポーランド系ユダヤ人の数は、五〇〇名程度であったと推測されている。

デンマークとユダヤ人

デンマークもまた、ユダヤ移民との関係があった。同国は一六二六〜二九年のデンマーク戦争で敗北し、ユダヤ人をエルベ川下流にまで退却させる。エルベ川沿いのデンマーク人都市であり、そのためハンブルクに隣接するグリュックシュタットは封鎖され、この川を航行することはできなくなった。一六二九年には、デンマーク王クリスチャン四世が神聖ローマ皇帝との和解に達し、親ハプスブルク政策をとった。そのため、オランダから北ドイツへと、ポルトガルからのユダヤ人が移住するようになった。そしてスペインと結んだ条約により、グリュックシュタットが、ポルトガル系ユダヤ人との商業関係において重要な都市になった。

一六四〇年には、デンマーク王室は、このような保護政策をアルトナ、ヴァンズベック、リューベック郊外のモイスリングまで拡大した。デンマーク政府は、アシュケナジムを優遇する政策をとったのである。

スウェーデンとアシュケナジム

一六二〇年代には、ドイツではオーストリアとスペインが優勢であったが、それは一六三〇年にスウェーデンがドイツを攻撃したことで突如終焉を迎えた。スウェーデン王グスタフ・アドルフは、プロテスタント側に立って三十年戦争に参加した、プロテスタント側のリーダーであった。彼がドイツを攻撃すると、ドイツのユダヤ人は、彼の支配下におかれることになった。

そのようななか、ドイツのフランクフルトではユダヤ人の人口は増大していった。一六二〇年には二〇〇〇人であったが、一六三〇年には、二四〇〇人になった。だが、一六三一〜四〇年には、一〇〇〇人にまで減少した。

ルター派のスウェーデン王であるグスタフ・アドルフは、バルト海南岸にまで広がったスウェーデン領から、ユダヤ人を排除しようとした。ハンブルクが位置するエルベ川下流の地域を除いて、経済と生活状況はさらに悪化していった。だがその時代に、ドイツのユダヤ人は、ドイツの政治・経済・貿易に深く関与するようになっていく。一方、スウェーデンはユダヤ人を追い出すことはできず、ユダヤ人は金融業者として機能した。そのためスウェーデン政府は、ユダヤ人を厚遇した。とはいえ、このユダヤ人のすべてがアシュケナジムであったとは思われない。

3　アムステルダムとアシュケナジム

アムステルダムとフランクフルト・オーダーの衰退

現在のポーランドとドイツの国境には、フランクフルト・オーダーと呼ばれる都市がある。この地の出身のユダヤ人は、アムステルダムとポーランドの中間商人として活動していた。それに加えて、この地域の取引においては、ケーニヒスベルク、ブレスラウ、ダンツィヒ、さらにライプツィヒが重要な都市であった。ユダヤ人の金融業者が、これらの都市間の取引で信用を供与した。言い換えるなら、中欧とポーランド・リトアニア、そして分割されたかつてのポーランド領の取引で、ユダヤ人が活躍していたのである。

中欧において活躍していた宮廷ユダヤ人の役割が低下し、ユダヤ人の銀行家の機能が重要になっていった。アムステルダムは、中欧と東欧に対して信用を供与する重要な拠点であったが、一八世紀になるとそれは低下した。それとともに、フランクフルト・オーダーがかつて果たしていた機能も低下することになり、対照的に、ライプツィヒとベルリンの役割が重要になっていった。

より東側では、主として中欧から来たユダヤ人移民が、小規模な商人から脱皮し、ポーランド、とりわけワルシャワにおけるエリートの商人集団へと変貌した。さらにワルシャワはユダヤ人の銀行業の新たな拠点となった。それはロンドンの擡頭とアムステルダムの衰退と同時期に生じたことであった。

アムステルダムを中心とする金融ネットワーク拡大

どのような地域においても、企業は家族企業が中心であり、それはいうまでもなく、一七〜一八世紀のアムステルダムにもあてはまる。アムステルダムとワルシャワのあいだで活動したのは、おそらくアシュケナジムである。アシュケナジムの婚姻関係には、多様な地理的特徴があり、婚姻関係こそ、一七世紀から一八世紀初頭にかけての宮廷ユダヤ人とユダヤ人の商人エリートの特徴であった。アシュケナジム商人と彼らの商業ネットワークにとって、アムステルダムの重要性は、いくら強調してもしすぎることはない。一八世紀初頭において、アムステルダムは、ヨーロッパの多くの為替取引がおこなわれる場所であった。一七世紀には、すべての宗派のマーチャント・バンカーがアムステルダムで手形を振り出していたが、その傾向は、一八世紀にも続いていた。ヨーロッパの銀行業の中心がアムステルダムからロンドンへと移動しつつあったとはいえ、アムステルダムの金融市場としてのプレゼンスは依然として大きかったのである。

同様にユダヤ商人も、信用の供与と商品の流通を家族企業とのあいだでおこなっていた。セファルディムとは大きく異なり、アシュケナジムは、アムステルダムで大きく成長していったのである。そのネットワークは中欧を起点として、オスマン帝国、ロシア、バルト海地方から、イギリス、イタリア、フランス、さらには中南米のスリナムにまで広がっていた。

アムステルダム、神聖ローマ帝国諸都市、中欧で、為替手形の使用が大きく増加していったのは、手形の裏書きが使用されたためである。一六八二年にはライプツィヒで、一七〇一年にはダンツィヒで裏書きが開始されることで、金融取引はスピードアップした。

ユダヤ人は、他の人々よりも容易に金融取引に参加できた。より正確にいうなら、彼らが従事できる職業はかぎられており、金融業はユダヤ人が参入を許された数少ない業種だったのである。そのため、ユダヤ人が、他の人々と比較して、金融技術の発展に貢献したと推測することは、当然のことである。とくに中欧と東欧においては、アシュケナジムの役割が大きかったはずだ。

中世ヨーロッパの大市《おおいち》の中心がフランスのシャンパーニュであるとすれば、近世のそれはドイツのライプツィヒであった。ライプツィヒは、一四九七年に創設された大市である。ライプツィヒの大市における決済には、ユダヤ人が大きく関係していた。彼らの多くは、おそらくアシュケナジムであった。

フランクフルト・オーダーを中心としたユダヤ商人のネットワーク

一八世紀後半、ライプツィヒは急速に為替決済の拠点の一つになっていったが、ユダヤ商人にとってはフランクフルト・オーダーも、それと同程度の重要な金融都市であった。ただし大市での決済は、現金が使用されることが非常に多かった。ユダヤ人は、キリスト教徒の銀行業者と取引したいとは思わず、ユダヤ人同士での取引を好んだ。使っている言葉も事業のやり方も同じだったからである。ライプツィヒとフランクフルト・オーダーの取引には、ポーランドやロシアから来たユダヤ人が参加していた。

ユダヤ人同士の信頼が大きかったのは、おそらくフランクフルト・オーダーを中心とする取引において、取引範囲が比較的狭く、すでに顔見知りの商人だったからであろう。もし、より遠隔地の取引であったなら、顔見知りではなく、同じユダヤ人であるからという理由だけで信頼関係がもてたとは思われない。同じ宗派であるという理由だけで取引をするほどの信頼関係が、もてるはずはないからである。

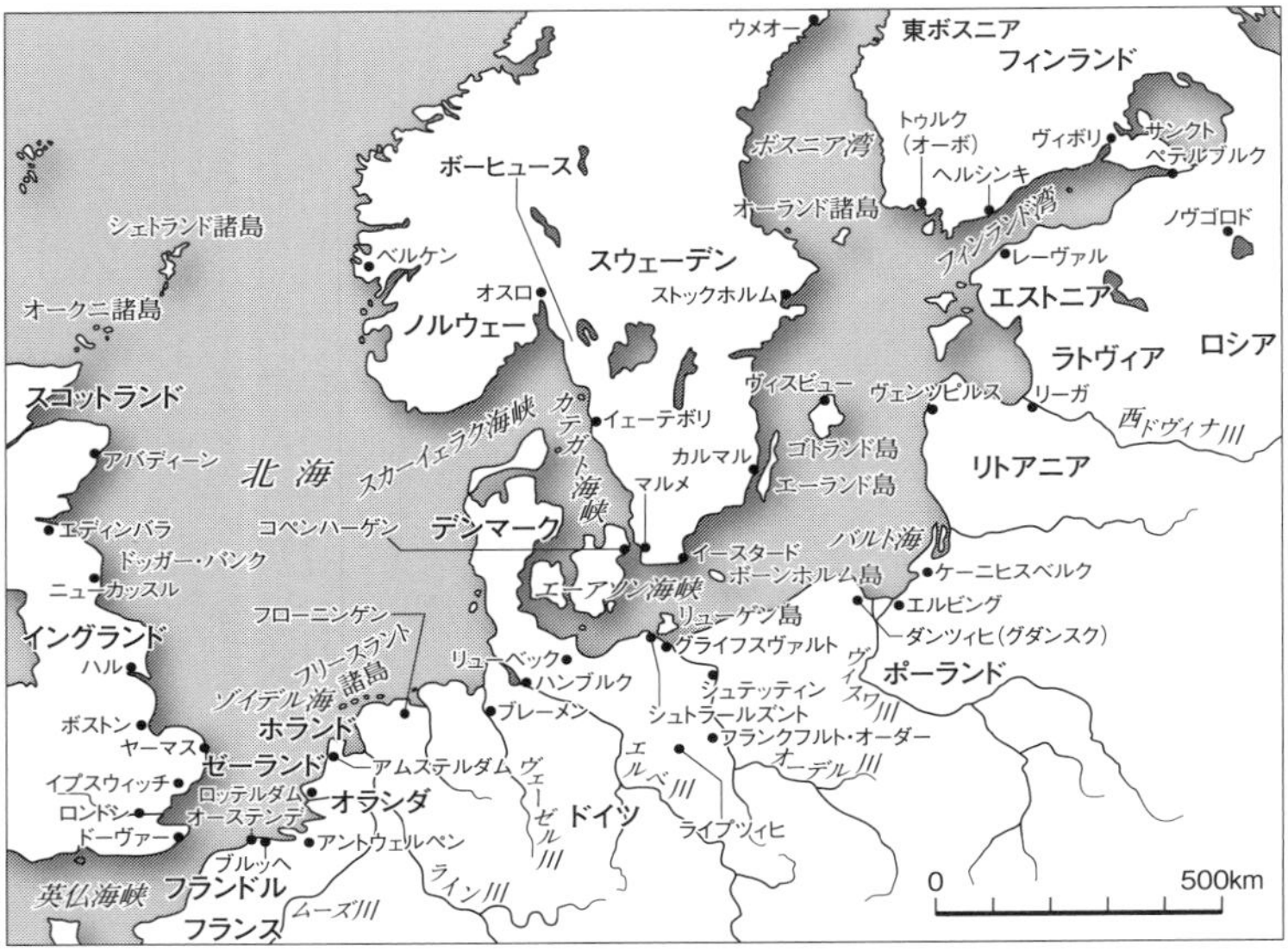

北ヨーロッパの地図

ここでより具体的な取引事例を示してみよう。フランクフルト・オーダーを拠点とするシュレジンガー家の事業はライプツィヒ、ケーニヒスベルク、ダンツィヒにまでおよんだ。彼らはアムステルダムからの事業に必要な与信のほとんどを、ハンブルク経由で受けていた。

バルト海地方の都市に目を向けると、ポーランドからのユダヤ商人が、ケーニヒスベルクのユダヤ人と事業をおこなっていた。ダンツィヒでは、ユダヤ人は市内に住めなかったので、ケーニヒスベルクほどの活動はできなかったが、彼らは中間商人として活動することはできた。ポーランドのユダヤ商人は、ヴィスワ川沿いの河川貿易で活躍していた。ユダヤ人は、彼らのあいだだけではなく、キリスト教徒とも取引関係があった。ユダヤ人とキリスト教徒は相互依存関係にあり、ハンブルクやケーニヒスベルクのような都市では、彼らのコネクションを使うことで、取引相手を増加させたのである。

4　アシュケナジムとダイヤモンド取引

アムステルダムの擡頭

年	セファルディム	アシュケナジム
1609	200	
1630	1,000	
1655	1,800	
1674	2,500	500
1720		9,000
1748	3,000	10,000
1789	3,000	19,000

アムステルダムにおけるユダヤ人の人口（出典：H. I. Bloom, *The Economic Activities of the Jews of Amsterdam in the Seventeenth and Eighteenth Centuries,* New York and London, 1937, p.31.）

周知のように、一六〇二年に創設されたオランダ東インド会社の根拠地は、インドネシアのバタヴィアにあった。そのためオランダは当初、インドではなくボルネオのダイヤモンド独占を狙っていた。だが、オランダの政策は変わり、遅くとも一六一五年には、インド東岸のコロマンデル海岸のダイヤモンド貿易に対する関心が増していた。ゴアを根拠地とするポルトガル勢力との争いは激しかったものの、オランダのダイヤモンドの購入量は増大していった。

ポルトガルと競争していたオランダであったが、一六五〇年以降、ポルトガルのダイヤモンド購入量は大きく減少し、オランダの方が多くなっていった。そしてアントウェルペンに代わり、アムステルダムがダイヤモンド貿易の中心になっていった。それには、ポルトガルからアムステルダムに移住してきたコンベルソが大きく貢献した。アントウェルペンはカットされたダイヤモンドの、アムステルダムは未加工ダイヤモンドの貿易をおこなうようになっていったのである。

当初、アムステルダムのユダヤ人の多くはイベリア半島、なかでもポルトガルから来たセファルディムであった。しかし、東欧系のユダヤ人であるアシュケナジムの数が増えていった。やがてアシュケナジムは、セファルディムに取って代わり、アムステルダム社会の階層を昇っていった。

一七〜一八世紀になると、マルセイユとジェノヴァに取って代わって、リヴォルノがサンゴ貿易と製造の中心になった。また、アムステルダムがアントウェルペンに取って代わり、ダイヤモンドのカットと研磨の中心になった。

セファルディムからアシュケナジムへ

先述のように一六世紀から一七世紀にかけて増加したアムステルダムのセファルディムの数も、やがて減少し、前頁の表に示されている通り、アシュケナジムが増えていく。

この数値の信憑性には問題があるにせよ、一七世紀のアムステルダムで「ユダヤ人」といえばセファルディムであったが、一八世紀にはアシュケナジムへと変わったことはたしかである。

別の統計を見ると、アムステルダム在住のアシュケナジムは一七一五年に四三〇〇人であったが、一七三〇年には一万三二〇〇人になった。その数は、セファルディムの数倍であったとされる。アムステルダムにおいて、「ユダヤ人」とは基本的にアシュケナジムを意味するようになったのである。

アシュケナジムとセファルディムの関係は、少なくとも良好とはいえなかった。またアシュケナジムは東欧系のイーディッシュ語を話したのに対し、セファルディムはポルトガル語を話すことが多かった。

ダイヤモンドとユダヤ人

一七二〇年代にブラジルでダイヤモンドが発見されるまで、「ダイヤモンド」とは、ほとんどがインドのダイヤモンドを意味した。そして、ダイヤモンド貿易の中心に位置したのは、ユダヤ人であった。それは、必ずしもユダヤ人が自ら選択したからではなく、金融業やダイヤモンドの取引にしか従事できなかったからである。

大航海時代に、ヨーロッパ人は世界のあちこちに出かけていった。すでに述べたように、キリスト教徒だけではなくユダヤ人もアジアや新世界に移住したりと、アジアと取引していたのである。その代表がイベリア系ユダヤ人セファルディムであり、彼らはアジアや新世界に移住したが、東欧系ユダヤ人のアシュケナジムは、アジアとの取引に従事したものの、おそらくはアジアに移住することはほとんどなかったと考えられる。

ヨーロッパ人がインドから輸入する商品にダイヤモンドがあったとすれば、その対価としてインドに輸出する商品は、地中海産のサンゴであった。したがって、インドとの取引には必然的に地中海が関係し、それにイベリア系ユダヤ人セファルディムと東欧系ユダヤ人のアシュケナジムが参画していたのである。

インドのダイヤモンド産出地としてもっとも重要な地域は、ゴールコンダであった。ポルトガルはかなり初期からインドのダイヤモンドに目をつけており、レヴァント経由（オスマン帝国を通じて）でヨーロッパに送られた。中世においては、インドのダイヤモンドのほとんどはヴェネツィアでカットされ、研磨され、いくらかは現在のベルギーに位置するアントウェルペン、ポルトガルのリスボン、フランスのパリに送られた。ポルトガルとヴェネツィアは競合関係にあった。

アシュケナジムの擡頭とイギリスのダイヤモンド貿易

インド人のダイヤモンド商人は、通常、為替ではなく、現金での支払いを要求した。それは当然のことで、宝石が信用で売られたとしても、購入者が、支払いの日付以前にそれを現金化することは期待できなかったからである。

問題は、ダイヤモンドが規則的には供給されないという事実であった。供給はさまざまな要因に依存していた。鉱山の生産高、鉱山地域の安全状況、インド商人の商業戦術などである。インド商人は、船が出航する直前にダイヤモンドを渡そうとした。その方が、少しでも高く売れたからである。

やがてロンドンがヨーロッパにおけるダイヤモンド取引の拠点の一つとなっていった。そしてアムステルダムと同様、ロンドンでも、ダイヤモンド貿易におけるアシュケナジムの重要性は増大していった。一八世紀前半は、ダイヤモンド貿易はもっぱらセファルディムに委ねられていた。オランダやドイツからイギリスに来たアシュケナジムは、海外からノーカットダイヤモンドを輸入するのではなく、市でダイヤモンドの最終製品を購入し、宮廷に供給していた。

しかしその後、アシュケナジムは、インドとの直接の貿易に参画するようになった。一七四〇年代になると、かなり多くのアシュケナジムが、インドとのダイヤモンド貿易に加わるようになった。そのなかでも、イサック家、サロモン家、レヴィ、ゴムペルツらが、主要なダイヤモンド輸入商となった。彼らは、ダイヤモンド産業の拠点であるオランダとの関係が強かった。

ところが、サンゴ貿易に参画するアシュケナジムは少なかった。セファルディムとは異なり、彼らはリヴォルノとのコネクションはなく、それはアシュケナジムにとって、大きな弱点となった。アシュケナジムは、その弱点を、さまざまな方法を用いて克服しようとした。たとえば、アブラハム・フランクスは、サンゴの委託輸送に参加した。

アシュケナジムはまた、ダイヤモンドの購入手段として、積荷冒険貸借というシステムを発展させた。これは、船主または荷主が船舶または積荷を担保に資金を借り入れ、船舶または積荷が安全に目的地に到着した場合には利息をつけて借入金を返済するが、航海が無事に完了しなかった場合には元本・利息ともに返済義務を免れるという契約である。この方法を用いて、アシュケナジムはダイヤモンドの取引を増やしていった。

セファルディムとは異なりアシュケナジムは、ダイヤモンドとサンゴを交換しなくても貿易できる方法を選んだのだ。

そして、インドからのダイヤモンド輸入において、アシュケナジムとセファルディムが協力関係になることはほとんどなかった。彼らは、別々の道を歩んだのである。一七五〇年頃までは、セファルディムの方がアシュケナジムよりも、ダイヤモンド貿易で優勢を占めていたが、次第にアシュケナジムの勢力が強まり、一八世紀末には、アシュケナジムがダイヤモンド貿易を担うようになっていった。一八世紀中頃のロンドンでは、ダイヤモンドを扱うユダヤ人としてはセファルディムが圧倒的であったが、それから五〇年経つと、アシュケナジムが中核になり、セファルディムの勢力が衰退していったのである。

おわりに

日本では、アシュケナジムはこれまであまり研究されてこなかった分野である。東欧から北ヨーロッパを中心とする地域に広がった彼らは、やがてダイヤモンド貿易にまで乗り出すことになった。

東欧と中欧において、アシュケナジムは中間商人、金融業者として活動した。少なくとも北ヨーロッパにおいて、ユダヤ人内部で、徐々にアシュケナジムはセファルディムよりも重要になっていった。アムステルダムに居住するユダヤ人の中心も、セファルディムからアシュケナジムへと変化した。

だが、アシュケナジムが本格的に世界的な活動をするのは、一九世紀のことであった。アシュケナジムであるロスチャイルドは、デビアスと組んで、世界的なダイヤモンドカルテルのネットワークを形成した。しかし、もし一八世紀のうちにアシュケナジムがダイヤモンド貿易に従事していなかったとすれば、彼らにダイヤモンド貿易のノウハウはなく、ユダヤ人がダイヤモンドの販売を独占することもできなかったかもしれないのだ。

第三部

拡大するヨーロッパ世界と国家なき民

第七章　セファルディムのネットワーク拡大

1　セファルディムとは誰か

セファルディムのスペインへの定住

セファルディムの伝説によれば、ユダヤ人がスペインに定住するようになったのは、前六世紀に、ユダヤ人がディアスポラを余儀なくされたときのことであった。このような伝説がとりわけ強調された時期は、一五世紀末にユダヤ人が長年住み慣れたスペインから出ていくことを余儀なくされた危機の時代と一致していた。したがって、これが本当かどうかはわからない。

イベリア半島に最初に到達したユダヤ人が、ヘブライ語にちなんで土地に名前をつけたと考えられている。たとえば、スペインのトレド（Toledo）は、ヘブライ語で「世代」を表すToledothからつけられたという。これが正しいかどうかは疑問であるが、要するにユダヤ人は、非常に古い時代からイベリア半島に定住していたのである。

セファルディム（Sephardim）という語は、旧約聖書の「オバデヤ書」のSepharad（スペルに関しては諸説あり）に由来する。旧約聖書で使用されたヘブライ語のSepharadがどの地を意味しているのかは明確にはわからないが、セファルディムという語から派生したことは間違いない。とはいえ後七〇年頃、ローマ人によって追放されたユダヤ人がイベリア半島に定住するようになったことは、新約聖書の「ローマ信徒への手紙」からも明らかである。この中で、パウロは、福音を伝えるために、スペインまで行く意志があることを表明している。これはすでに、後五〇年頃には、ユダヤ人がスペインにいたことの証明となる。さらに後二〇〇年頃から、ユダヤ人の子どもの墓碑銘が増加する。ということは、スペインに生まれて亡くなったユダヤ人が増えていったこと、ひいては、ユダヤ人がスペインに定住したことを示す。そして彼らは、セファルディムと呼ばれたのである。

ローマ帝国は、国外の領土はスペインから侵略していき、キリスト教化していったというのが、おそらく実態であろう。この時代のユダヤ人のスペインにおける活動拠点は、トレド、メリダ、セビーリャ、タラゴナであった。周知のように、キリスト教は当初迫害されていたが、徐々にその力を拡大し、三一三年にはコンスタンティヌス大帝とリキニウス帝によってキリスト教は公認され、さらに三九二年には、テオドシウス帝によって国教とされた。

イスラームとスペイン

ゲルマン人の一派である西ゴート族は、イタリア半島を北上してガリアに入った。そこから西進して南ガリアを支配し、四一五年にはイベリア半島に入り、ヴァンダル人を追い出して、四一八年にガリア南部

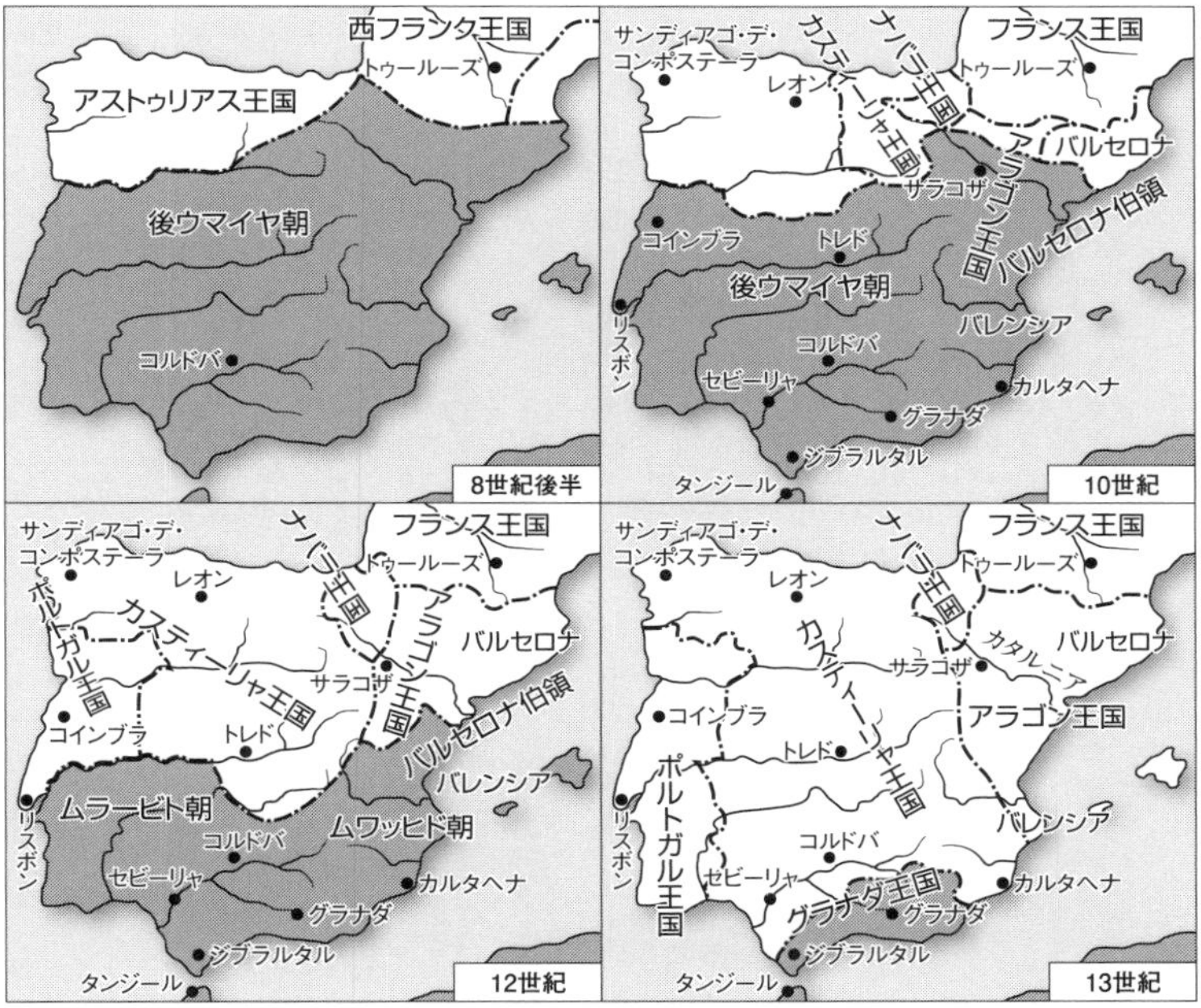

レコンキスタ（出典：https://sekainorekisi.com/world_history ～スペインとポルトガル～他をもとに作成）

（アキテーヌ地方）とイベリア半島北部を支配し、西ゴート王国を建国した。西ゴート王国は、首都トレドを中心に繁栄した。その繁栄を終わらせたのは、七一一年にベルベル人のムスリム勢力がイベリア半島に侵入し、翌年にかけて同半島のほとんどの領土を支配下においたときのことであった。

そのため、スペインは大きく変貌した。一時期はイベリア半島のほとんどがイスラームの支配下に入り、八世紀初頭には北部のアストゥリアスだけがキリスト教圏として残った。それ以降、レコンキスタにより、イベリア半島から徐々にムスリムが追い出されていくことになった。

イスラーム世界では、六三二年にムハンマドが亡くなると、六六一年まで正統カリフ時代が続いた。この時代には、ムハンマドの後継者を意味するカリフが選挙により選ばれた。彼らはすべて、ムハンマドの血縁者であった。彼らは積極的に聖戦（ジハード）をおこない、イスラームの領土を大きく拡大した。

それに対しウマイヤ朝はカリフを世襲とし、六六一年から七五〇年まで西アジアを支配し、ダマスクスに都をおいた。同王朝がアッバース朝により七五〇年に滅ぼされると、ウマイヤ家の一人が遠くイベリア半島に逃れ、七五六年に王国を建国した。このときの王がアブド・アッラフマーン一世であり、コルドバを都として独自の文化を生み出した。

続くアブド・アッラフマーン三世（在位九一二～九六一）は、レコンキスタを逆に弾圧し、後ウマイヤ朝の領土を拡大していった。そしてイベリア半島をほぼ手中に収めると、アフリカにまで侵攻した。彼は、イベリア半島のベルベル人、アラブ人、ユダヤ人、キリスト教徒の融和をはかった。さらに官僚として、ムスリムだけではなく、ユダヤ人やキリスト教徒の奴隷を採用した。スペインにおけるムスリムの支配者たちは、外交と行政はユダヤ人に頼ったのである。ユダヤ人はトレドやコルドバのような都市に居住し、商業で重要な役割を果たした。そのため商業に従事する人々は、アブド・アッラフマーン三世の時代に豊かになっていった。

アブド・アッラフマーン三世は、その統治下でムスリムとユダヤ人の共存に成功した。また彼は、ギリシア哲学の重要性に気づいた。そのためトレドは、スペインのみならずヨーロッパ的意味での学問の中心となり、アリストテレスの作品がいくつかの言語に翻訳されていったのである。トレドはまた、一二世紀ルネサンスの中心となり、ギリシアの文化や哲学の古典がもっとも多く流入する都市の一つとなった。

レコンキスタの完成

　後ウマイヤ朝が滅んだのは、一〇三一年のことである。その後スペインでは、レコンキスタが盛んになる。イスラーム王国としてはムラービト朝が、さらに一一四七年にそれを倒したムワッヒド朝が隆盛となるが、一三世紀になると、カスティーリャ王国とアラゴン王国によって征服された。さらに、カスティーリャから分離独立したポルトガルが、国土を拡大していった。そのためイベリア半島で残るイスラーム王国は、一二三二年に成立したナスル朝のグラナダ王国だけになった。

　一四六九年にカスティーリャの王女イサベルとアラゴンの王子フェルナンドが結婚した。そして一四七九年フェルナンドがアラゴン王として即位し、両国は統合してスペイン王国となった。スペイン王国は二人によって共同統治され、同王国は一四九二年一月、イスラーム教国ナスル朝の最後の拠点グラナダを陥落させる。イスラーム勢力はイベリア半島から撤退し、レコンキスタが完成することになった。レコンキスタ完成以前の二〇〇年間にわたり、スペインにおけるユダヤ人の人口は減少していった。

　一四七八年、スペインでは、約二〇万人のユダヤ人のうち、およそ一〇万人が改宗を拒否し、一〇万人がポルトガルに流れた。ところが、ポルトガル国王のマヌエルと、スペインのフェルナンド王とイサベラの娘が結婚したため、ポルトガル国王マヌエルは、一一カ月以内にユダヤ人を国外に追放すると宣言した。しかし一方でマヌエルは、ユダヤ人の経済的重要性を認識していたので、彼らを何とかして国内にとどめようともした。そしてポルトガル政府は、一四九七年三月一九日、四〜一四歳のすべての子どもはカトリックとして洗礼を受けるという命令を出し、ユダヤ人を国外追放しないでおこうとしたのである。

移住するセファルディム

スペインから追放されたユダヤ人の数は、一五万人から四〇万人までいくつかの説があるが、およそ二〇万人というのが妥当であろう。ポルトガルは、最初は改宗しないユダヤ人に寛大な態度だったが、やがてスペイン以上に厳しい態度をとるようになった。一五三六年になると、ユダヤ人を根絶やしにするために、異端審問が開始された。その刑罰は大変過酷で、改宗しないユダヤ人たちは、生きながら焼かれたのである。

しかし、ポルトガルのセファルディムの紐帯は、スペインのセファルディムよりも強かった。一五八〇〜一六四〇年にポルトガルがスペインに併合されて同君連合になったのち、ポルトガル出身のセファルディムは迫害がなくなるのではないかと期待し、故国に帰りたいと思ったのである。

イベリア半島に残ったユダヤ人は、ユダヤ教からカトリックに改宗するほかなかったが、イベリア半島を捨て、海外に移住するユダヤ人もいた。ヨーロッパのなかで、彼らが向かった主要な都市は、アムステルダム、アントウェルペン、ロンドン、ハンブルク、ボルドーであった。

また西欧のセファルディムのなかには、新世界に移住する人たちもいた。彼らの多くは隠れユダヤ人といわれる人々であり、公には別の信仰をもっているが、現実にはユダヤ教を信じる人々であった。彼らがポルトガルの植民地のブラジルからニーウアムステルダム（ニューヨーク）に到着したのは、一六五四年のことであった。これは、一般に、ニューヨークにおけるユダヤ人共同体の発祥とされる。

ヨーロッパ内部におけるセファルディム

先述のようにポルトガル政府は、一四九七年三月一九日、四〜一四歳のすべての子どもはカトリックとして洗礼を受けるという命令を出し、ユダヤ人を国外追放しないでおこうとした。そして生まれた新キリスト教徒は、一五〇〇年代初頭、貿易をするためにアントウェルペンに定住しはじめた。彼らは、スペイン人、ポルトガル人、さらにはスペインの迫害を逃れて北アフリカ、トルコ、地中海の他の地域に逃亡した家族たちとの経済的絆を維持した。新キリスト教徒は、一五四〇年代には比較的自由にアントウェルペンで暮らしていたが、この都市がスペイン領になると、そのような自由はなくなった。そしてスペイン国王フェリペ二世が一五八五年に南ネーデルラントを陥落させた。それ以降、新キリスト教徒がアムステルダムに定住するようになったとされるが、新キリスト教徒がアムステルダムに居住していたという証拠は、一五九〇年代までは見当たらない。それまではおそらく、まだ彼らの数が非常に少なかったのだろう。一五九八年に、アムステルダムの行政長官が新キリスト教徒の定住について言及した最初の史料が残っている。彼らは現実にキリスト教徒であり、市民権を付与されることになった。

一五七九年以降、新キリスト教徒と隠れユダヤ人が、イベリア半島とスペイン領ネーデルラントから逃げ出し、オランダ共和国、なかでもアムステルダムに居住するようになった。しかしこのときはまだ宗教的自由は現実には実現されておらず、アムステルダムに居住するポルトガル系ユダヤ人は、ユダヤ人であることを隠さなければならなかった。しかしオランダ人は、その多くが改革派教会に属していたにもかかわらず、ユダヤ人がもたらす富のためか、ユダヤ人を迫害する気はなかったようである。一七世紀になると、ユダヤ人はオランダ共和国にさらに受け入れられるようになり、一六三九年には、公にユダヤ教を信仰することが許された。ユダヤ人は、アムステルダムで積極的に経済活動に従事した。

セファルディムは、ハンブルクにも居住するようになった。一六～一七世紀のハンブルクでは、すでにポルトガル系・スペイン系の名前が見られた。すなわち、セファルディムである。一七世紀初頭には、彼らはすでにアムステルダムからハンブルクにまで来ていたらしい。ハンブルクも宗教的寛容の都市であり、セファルディムは市民権は取得できないものの、商業に従事することはできた。そのため、迫害を逃れてこの地に到来する商人もいた。ドイツ人の経済史の泰斗ヘルマン・ケレンベンツによれば、ハンブルクのポルトガル人仲介業者の比率は、アムステルダムのそれより多かったのである。またハンブルクは中立都市であったので、戦争になるとアムステルダムからハンブルクに来て取引するユダヤ商人もいたといわれる。ユダヤ人の歴史研究の第一人者であるジョナサン・イズラエルは、一七世紀から一八世紀前半にかけて、ユダヤ人はヨーロッパのグローバルな海洋帝国形成に大きく関与していたという。その中心となる都市は、アムステルダムとリヴォルノであった。

2　オスマン帝国内のユダヤ人

オスマン帝国に渡ったユダヤ人

一四九二年にユダヤ人がスペインから追放されると、彼らは逃れた先のナバラ王国、ポルトガル、フランス、イタリア諸都市においても迫害を受け、さらには国外逃亡も余儀なくされた。そして彼らが向かった国の一つが、オスマン帝国であった。

オスマン帝国スルタンのバヤジッド二世（在位一四八一〜一五一二）は、喜んで彼らを迎え入れた。オスマン帝国の支配者たちは、セファルディムがオスマン帝国の人々に経済的に有益な効果をもたらすと信じていたのである。一六世紀には、オスマン帝国内のユダヤ人の数は、世界で一番多くなった。一七世紀の大半の期間を通じて、オスマン帝国内に住むユダヤ人は、他の地域よりも多かった。

一六世紀にオスマン帝国の経済力が上昇した背景には、ユダヤ人の力があった。彼らは地中海、ヨーロッパの商業ネットワークに通じていたばかりか、多くの言語に通じ、貿易商人として重要な役割を果たすことができたからである。オスマン帝国内の諸都市、なかでも現在のギリシアのテッサロニキは、タルムード研究の中心となり、科学・技術に大きな貢献をした。

またユダヤ人のなかには、スルタンへの助言者として有力になる人たちもいた。一五〇〇年代にオスマン帝国がバルカン半島の征服を完成させると、セファルディムはトルコ人に随行し、バルカン半島に移動した。テッサロニキでも、ユダヤ人は過半数を占めるようになった。ヨーロッパにいられなくなったユダヤ人が、オスマン帝国の範囲内に住み着くようになったからである。

オスマン帝国に移住したユダヤ人の興味深い実例として、一四四〇年にリスボンで生まれたドン・ダビド・イブン・ヤーヤがいる。彼はポルトガル政府から、スペインからポルトガルに移住してきたコンベルソをふたたびユダヤ教徒に改宗させたという非難を受けたため、着のみ着のままポルトガルを去った。

彼は最初、ナポリに到着した。しかし一五〇三年、ナポリがスペインに征服されるとこの都市を脱出した。彼と家族は叔父のドン・ゲダリア・イブン・ヤーヤが住んでいたイスタンブルに向かったが、金が足らず、ギリシアのコルフーまでしか行けなかった。旅を続けるために、稀覯本を含む所持品を売って、イタリアのアルタに渡り、そこで要人の金銭的援助を得て、一五〇四年か〇五年、イスタンブルに到着した。彼は一五二四年に亡くなるまで同市で過ごした。息子のラビ・ヤコブ・タム・イブン・ヤーヤ（一四七五～一五四二）は、著名な学者になっただけではなく、イスタンブルのユダヤ人共同体の宗教的リーダーになった。

一四九二年以降、セファルディムはバルカン半島南部とアナトリア半島西部の港湾都市に定住するようになった。バルカン半島においては、ドナウ川に沿って徐々に内陸部にまで、アジアではアナトリア半島中部とシリアにも定住したが、ほとんどのセファルディムは、テッサロニキ、イスタンブル、エディルネ（トルコ）、モレア（ギリシア）に定住することを好んだ。

一五二〇～三〇年代には、セファルディムの共同体が、オスマン帝国内の多くの都市で建設された。一五世紀後半にはユダヤ人はあまりいなかったが、一四五七年にメフメト二世がイスタンブルを新首都にすると、帝国内の他地域から大量の人々を呼び寄せたなかに、多数のユダヤ人が含まれていたことはいうまでもない。

ユダヤ人集団

セファルディムにとって、移住するための都市としてイスタンブルが魅力だったのは、第一はビザンツ帝国の帝都だったからであるが、さらに重要なことは、オスマン帝国内でもっとも大きく、もっとも繁栄していたユダヤ人共同体があり、彼らは新しい移民を助けたため、イスタンブルに大量にユダヤ人が移住するようになったと考えられる。

一四七七年には、イスタンブルには一六四七世帯のユダヤ人がいた。それは、イスタンブルで記録されている世帯の一一パーセントを占めていた。もっとも多かったのは、ヘレニズム時代から二〇〇〇年以上にわたってギリシアに住んでいたロマニオットと呼ばれるユダヤ人だったが、やがてセファルディムが増加した。

一五四〇年には、イスタンブルにおけるユダヤ人全体数が一五二二人だったのに対し、ロマニオットの数は一三六八人だった。その後セファルディムの数が増加し、一六二三年には五九三世帯となり、ユダヤ人の全世帯の二七パーセントに達した。おそらくこの時点での最大のユダヤ人の集団は、セファルディムになった。彼らのなかには、低地地方からイスタンブルに移住してきた人が多かったと考えられる。ただしもっとも多かったのは確認不可能な人々で、三一・五パーセントであった。

イスタンブル以外でも、オスマン帝国内でユダヤ人が居住した地域は多かった。さらに、オスマン帝国が一五一六〜一七年にシリア、パレスチナ、エジプトを支配すると、これらの地域にもユダヤ人が移住するようになった。一五四八〜四九年のダマスクスには、五〇三世帯、トリポリには、一五九四〜九五年に一三九世帯、イェルサレムには、一五五三〜五四年に三二四世帯、ガザには、一五四八〜四九年に一一五世帯のユダヤ人がいた。

アナトリア半島東部のマルディンには一五四世帯（一五二六〜二六）、モースル（イラク）には一五五八年に一〇五世帯、ブダ（ハンガリー）には一二二世帯（一五六二〜六三）、クリミア半島のカッファには九二世帯（一五四二〜四三）のユダヤ人がいた。

絶対数で見るなら、一五〜一六世紀にイベリア半島やフランス、ドイツ、イタリアからオスマン帝国に移住したユダヤ人が、ユダヤ人のディアスポラの最大の人口構造の変化をもたらした。というのも、一六世紀の東欧、中東、北アフリカのユダヤ人共同体は、オスマン帝国の支配下で暮らすようになったからだ。

このようにオスマン帝国の領土が拡大し、ユダヤ人、なかでもセファルディムがディアスポラをすることを余儀なくされたのだから、全世界のなかで、オスマン帝国に居住するユダヤ人の数が最大になったことはまず間違いない。

オスマン帝国でのユダヤ人の活躍

同時代のヨーロッパと比較するなら、オスマン帝国は、宗教的マイノリティーに対して寛容な社会であった。マイノリティーに対するオスマン帝国の態度は、イスラームの伝統にもとづいており、ズィンマと呼ばれる制度により非ムスリムの臣民との関係を保護した。これは、非ムスリムがムスリム統治者による統治に服従・協力し、非ムスリムとしての人頭税であるジズヤや地租であるハラージュを支払うことと引き換えに、生命・財産の安全と自らの宗教・信仰の自由が保障される契約である。ただし、非ムスリムは、ムスリムと区別されるために、彼らとは違った衣服を着なければならず、馬やラクダに乗ることはできず、ロバやラバに乗らなければならなかった。

このように、明らかに差別的対応をしていたが、それでもオスマン帝国は、イスラーム王朝のなかでは、他宗教に対してもっとも寛容な態度をとっていた国家であった。それは、オスマン帝国の現実的対応のためであった。多数の領土を征服したこともあり、オスマン帝国には多数の非ムスリムが存在した。そのような社会で人々をうまく統治するために、オスマン帝国は非ムスリムに寛容でなければならなかったと考えられよう。非ムスリムは、オスマン帝国で行政と軍事で高位に就くことができた。それはまた、ヨーロッパのユダヤ人にとって、オスマン帝国の利点だと思われたに違いない。

同時代のユダヤ人の史料は、ユダヤ人にとって、オスマン帝国で生きていくうえでもっとも惹きつけられた点は、彼らが享受する空前の自由であったことを示している。彼らは商用ないしどんな理由であっても自由に旅行することも、信仰する宗教を自由に実践することも、自分たち自身の教育的・社会的制度をつくりあげることもできた。さらに、当局から最低限の拘束しかされることなく、共同体での生活を送ることができた。

一六世紀に地中海と中東のかなりの地域がオスマン帝国の支配下におかれたため、ユダヤ人の移動の自由は大きくなった。その重要な結果として、ユダヤ人は、物質的にも文化的にも豊かになった。広大な領土でよく似た行政的・法的制度が採用されたために生まれたパクス・オトマニカは、ユダヤ人の商業ネットワークの出現を促進し、ユダヤ人がオスマン帝国内部だけではなく、ヨーロッパ、イラン、インドにおいても商業に従事する安全な避難所を提供した。

オスマン帝国の拡大とユダヤ人

一五世紀後半から一六世紀を通して、オスマン帝国の領土は、南ヨーロッパ、中東、地中海へと拡大を続けた。オスマン帝国は、地域的勢力から世界帝国へと変貌した。一六世紀末には、オスマン帝国のスルタンは非常に広大な領域を支配することになった。北はハンガリーとトランシルヴァニア、南はイエメン、西はモロッコの国境から、東はイラン高原を支配下に収めた。

このような広大な領土の支配には、新しくより複雑な統治機構が必要とされた。新たに獲得した領土では、多数の官僚と企業家が統治し、絶え間なく増加する資金の必要性のために、帝国の資源を獲得した。さらに、このように新たな地位と権力を提供することで、オスマン帝国は国際問題と世界経済において中心的役割を果たそうとし、事実そうすることができたのである。

すなわち、イベリア半島でセファルディムが追放された時期に、オスマン帝国の領土が拡大し、優秀な官僚が必要になった。さらに、商業・貿易活動が盛んになった。そのときに、ユダヤ人、とくにセファルディムは、官僚として、あるいは商人として、さらに銀行業、港湾や関税の運営、大量の食料の調達でも非常に優秀だったのである。

セファルディムの重要性

一六世紀のあいだに、イスタンブルのユダヤ人は、二つのゆるやかに結合された共同体へと編成されるようになった。この二つは、それぞれに特徴的なリーダーシップと制度を有していた。このような展開は、二つの要素が結びついた結果であった。

第一は、オスマン帝国がユダヤ人に課した課税協定のためであり、第二は、ユダヤ人共同体の内部に影響を与えた国内の文化変容と統合の過程の結果であった。オスマン帝国の支配体制にとって、もっとも重要なユダヤ人とは、セファルディムであった。

バルカン、アナトリア西部、パレスチナ、カイロ、アレッポなどの都市ではセファルディムはユダヤ人のなかで多数派であったが、イスタンブルでは少数派であった。セファルディムが、オスマン帝国のユダヤ人のなかで圧倒的に重要な地位に上昇したのは、彼らの教育水準と文化水準が高かったからである。一六世紀から一七世紀を通して、セファルディムの勢力は外国からの移民が絶えず流入したために強くなり、彼らの数は着実に増えていった。結局、セファルディムはユダヤ人共同体のなかで圧倒的に重要な経済的地位を確立するようになった。

柔らかい専制とセファルディム

オスマン帝国史の大家である鈴木董《ただし》によれば、オスマン帝国の特徴は、「柔らかい専制」にあった（鈴木董『オスマン帝国――イスラム世界の「柔らかい専制」』）。西欧で中世封建社会の遺制がまだ残っていた時代に、オスマン帝国はすでに中央集権的な支配の組織と、強大な常備軍を擁していた。強靭な支配の組織と常備軍は、国内においては、ゆるやかな統合と共存のシステムからの逸脱を抑え、システムを脅かす紛争や反乱を迅速に鎮圧した。

オスマン帝国は、強靭な支配の組織とゆるやかな共存のシステムがあいまって支え合う体制をとっており、それは専制的でありながら、同時に大きな柔軟性をもっている。ユダヤ人、なかでもセファルディムは、この「柔らかい」部分に相当し、彼らは経済的に、場合によっては政治的に力を有したとしても、オスマン帝国の国制を変革しようとはしなかった。そのため、オスマン帝国内部で重要な役割を果たすことができたのである。オスマン帝国とセファルディムは、互いに利用しあったのである。

3 ヨーロッパ外世界でのセファルディム

インドとの関係とダイヤモンドの輸出

ジョナサン・イズラエルは、一七世紀から一八世紀前半にかけ、ユダヤ人はヨーロッパのグローバルな海洋帝国形成に大きく関与していたという。

大西洋経済において、セファルディムは、サトウキビの栽培（砂糖の生産）方法を新世界に伝播させた人々として知られる。インド亜大陸は、一七二八年にブラジルからの最初のダイヤモンド輸送がおこなわれるまで、ダイヤモンド生産の中心地であり、その後も、インド産ダイヤモンドの重要性は、なかなか低下しなかった。

インド産ダイヤモンドの生産地としてもっとも重要な地域は、中央部のゴールコンダであった。ポルト

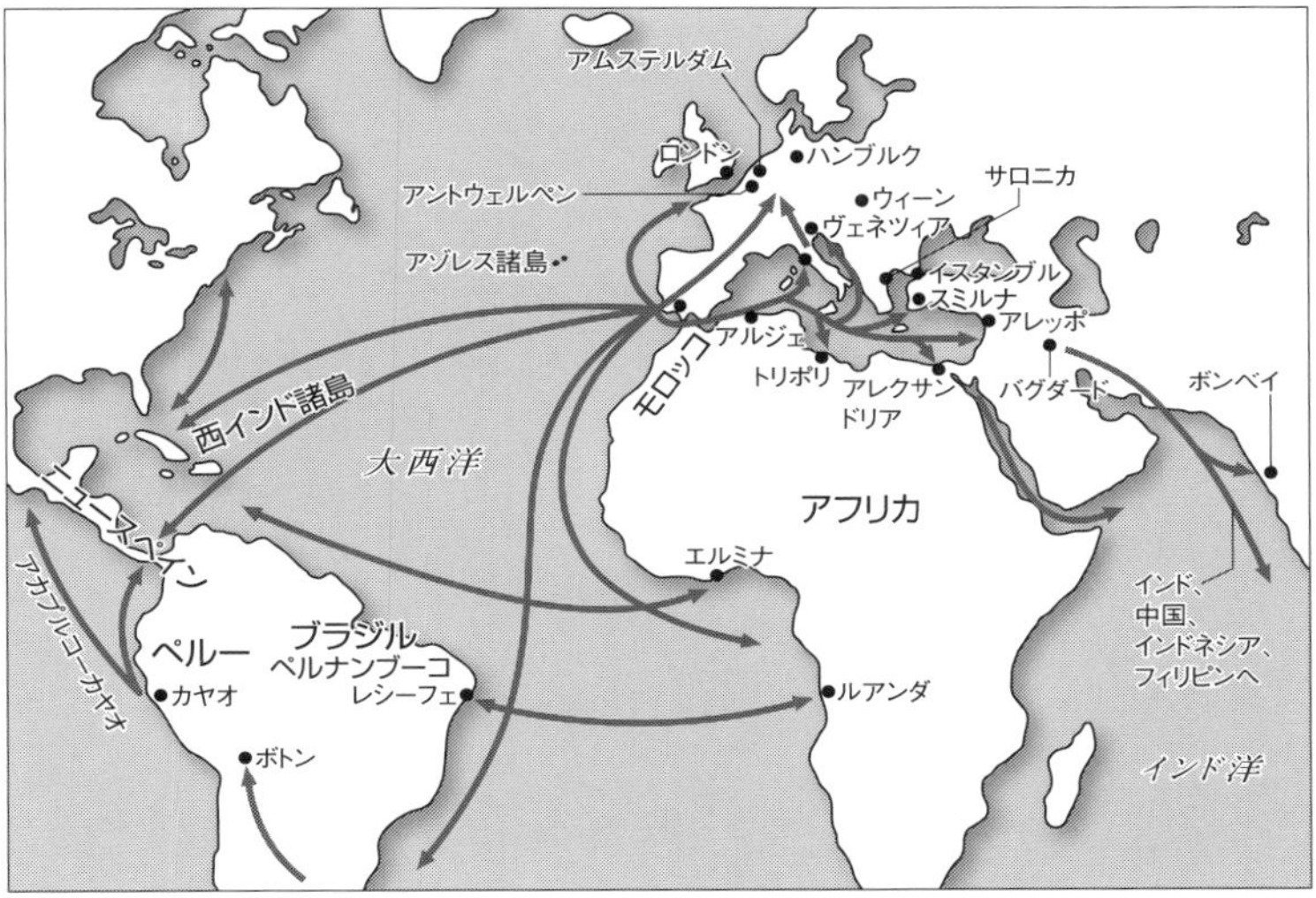

ヨーロッパ外でのセファルディムの居留地と貿易（出典：Jonathan Israel "Empires", Ina Baghdiantz McCabe, Gelina Harlaftis and Ioanna Pepelase Minoglou (eds.), *Diaspora Entrepreneurial Networks : Four Centuries of History*, New York, 2005, p.2 をもとに作成）

ガルは当初からインドのダイヤモンドに目をつけていた。インドのダイヤモンドは、レヴァント経由（オスマン帝国を通じて）でヨーロッパに送られた。中世においては、インドのダイヤモンドのほとんどはヴェネツィアでカットされ、研磨され、いくらかは現在のベルギーに位置するアントウェルペン、ポルトガルのリスボン、フランスのパリに送られた。このように、ポルトガルとヴェネツィアは競合関係にあった。

一六六〇年代になると、イギリス東インド会社では、私貿易商人がインドからイングランドにダイヤモンドを輸入した。イギリス東インド会社は、私貿易商人に金を貸し、彼らがダイヤモンド貿易に従事することを促進した。イギリス東インド会社はまた、サンゴのインドへの輸出にも従事した。

一七～一八世紀において、セファルディムのディアスポラは、ヨーロッパにおける地理的問題のためにサンゴとダイヤモンドの貿易を形成し、またそれに影響された。リヴォルノは、マルセイユとジェノヴァに取って代わってサンゴ貿易と製造の中心になり、アントウェルペンに取って代わり、アムステルダムがダイヤモンドのカットと研磨の中心になった。セファルディムはダイヤモンド産業をコントロールし、増大していた東欧系ユダヤ人であるアシュケナジムの避難民を雇用した。セファルディム、イタリア人、ヒンドゥー教徒が連合することで、非常に大きな商業ネットワークが形成されることとなったのである。

アジア進出

ヨーロッパ人のアジア進出にあたり、重要な役割を果たした商人のなかに、新キリスト教徒がいた。彼らは名目的にはカトリックであったが、現実にはユダヤ教を信じていた可能性がかなり高い。すなわち、ヨーロッパの拡大は、ユダヤ人のディアスポラを促進したのである。

ポルトガルのアジア進出とともに、新キリスト教徒もアジアへと向かった。彼らは、ポルトガルよりもアジアでの商業の方が種々の規制がなく、自由に商売ができると考えていたのであろう。ポルトガル商業において、新キリスト教徒や隠れユダヤ人の役割は非常に重要であった。

新キリスト教徒は、少なくとも以前にはユダヤ人であった以上、大規模な商業ネットワークを有しており、それをフルに使って商業に従事した。アジアへのヨーロッパ人の進出は、新世界と同様、それによって可能になったのである。

インドとの関係

セファルディムのネットワークは東方にシフトし、もともとポルトガルが取引していたダイヤモンドを、リヴォルノ在住のセファルディムが取り扱うようになり、その対価として地中海のサンゴを輸出するようになった。

異文化間交易の研究者として名高いフランチェスカ・トリヴェッラートは、リヴォルノのセファルディムが地中海のサンゴをインドのヒンドゥー教徒に輸出し、ヒンドゥー教徒がダイヤモンドをセファルディムに輸出した著書を出版した（トリヴェッラート『異文化間交易とディアスポラ』）。トリヴェッラートによれば、インド洋でのヨーロッパの貿易が増加したので、地中海のサンゴの重要性が高まった。そもそもヨーロッパからアジアに輸出できる商品はほとんどなく、赤サンゴの需要はきわめて高かったからである。さまざまな種類のサンゴが、ポルトガル船に積載されてゴアに到着した。サンゴはまた、西アフリカで奴隷を購入するためにも使用された。サンゴはさらに、白海のアルハンゲリスクにまで輸出された。一八世紀中頃になると、リヴォルノが、地中海のサンゴ貿易と製造の中心地になった。サンゴの採取から製造まですべての過程が一カ所に集中することで、サンゴ輸出のコストは大幅に低下した。

セファルディムは、アルメニア人と異なり、ダイヤモンドの不規則な世界市場での取引に必要ないくつかの要素を兼ね備えていた。秘密を厳守し、高い水準で協力しあい、情報を入手し、長距離貿易で長期の信用を提供し、貿易形態の地理的変化に対応することができた。彼らは家族企業を経営していたので、徒弟がいなくても、専門的知識を伝達することができた。

大西洋貿易

セファルディムは大西洋貿易において大いに活躍した。スペイン、ポルトガルの新世界への進出とともに、より自由な土地での活動を求め、セファルディムが大西洋貿易に従事し、さらに新世界に移住したことは間違いない。一六世紀後半から、ユダヤ人とコンベルソが、ポルトガル、ブラジル、さらにオランダとのネットワークを形成していった。

しかし、大西洋貿易における彼らの役割は、一八世紀になると弱まっていった。それは、各国の軍事力が強くなり、大西洋が戦場となっただけではなく、国家の大西洋貿易への介入度が高くなったためだと考えられる。そうなると、国家からの独立度が強いセファルディムの立場は弱体化することになった。

しかもセファルディムは、新世界に住みつくようになった。とすれば、次第にヨーロッパの商人たちとのコネクションは弱まっていく。したがって、国境を越えたネットワークをもつセファルディムのレーゾンデートルが失われていったのである。

西方系セファルディムは、ディアスポラにより、海上ルートでの移動を中心として、国際貿易、海運業、金融業で大いに栄えた。彼らは、諸帝国のエージェントとなることもあれば、それらの犠牲者となることもあった。だが一八世紀中頃になると、大西洋におけるセファルディムのネットワークは弱体化した。

砂糖革命とセファルディム

一六四〇年代になるまで、オランダは一時的にではあれ、ペルナンブーコとポルトガル領アフリカを占領した。それは、アメリカの砂糖生産とアフリカの奴隷制度に大きな影響をおよぼした。オランダによる占領で、ペルナンブーコに取って代わって、バイーアが主導的な奴隷貿易と砂糖生産をおこなう地域となったのである。オランダ人は、アムステルダムまで完成品の砂糖を運んだ。

ペルナンブーコが再度ポルトガルの手に落ちた一六五四年には、カリブ海のオランダ領植民地でサトウキビが栽培されるようになり、オランダ人のプランターと彼らが所有する奴隷が到着した。オランダ人の到着以前にもサトウキビは栽培されていたが、彼らこそ、カリブ海諸島に砂糖生産を定着させた人々であった。彼らもオランダ人だと考えられていたが、正確には、どうも「オランダ人」ではなかった。最近では、ユダヤ人の役割が重要視される傾向がある。

サトウキビ栽培の移植に大きな役割を果たしたのは、オランダ人ではなくセファルディムであった。スペインとポルトガルを追放されたセファルディムは、アムステルダムとロッテルダムに避難先を見つけ、元来のイベリア半島の故国と外国の植民地との貿易に大きく寄与した。そしてセファルディムはまた、ブラジルから西インド諸島に砂糖栽培が拡大し、オランダの海外のプランテーション植民地が発展するために大きな貢献をした。ブラジルから脱出したセファルディムは、カリブ海一帯に移住先を求めた。

明らかにセファルディムの一部は、ブラジルのプランテーションで奴隷を所有していた。彼らは、サトウキビの栽培法を知っており、オランダ、イギリス、フランスの植民地に移住したのである。カリブ海から北米・南米にかけて見られたユダヤ人共同体の多くはセファルディムであり、彼らのネットワークにより、サトウキビの生産方法、砂糖の生産方法が新世界に広められたのである。

帝国間貿易とセファルディム

ヨーロッパのさまざまな国が大西洋貿易に参加した。ポルトガル、スペイン、フランス、イギリス以外にも、ブランデンブルク＝プロイセン、デンマーク、スウェーデンなどが、おもに砂糖貿易により利益を求めて争っていたが、このような貿易を横断する、「帝国間」貿易も存在した。それは、各国の利害とは別の、商人による活動が中心であった。その代表例がオランダのアムステルダムを根拠地とするセファルディムである。彼らは早くも一五八〇年代に、西アフリカ、スペイン領アメリカ植民地などで活躍していた。彼らが、帝国の枠組みを越え、さかんに別の国々と取引したのである。

そもそも密輸は、この時代には当たり前のことで、問題を生じさせなければ、各国政府がいちいち取り締まる必要はなかった。戦時になると異文化間交易は難しくなったが、平時には日常だった。ブラジル、カリブ海、北米、スペイン領アメリカ、西アフリカなど、商人たちは、自分が属する国に関係なく投資したことに注目すべきである。

帝国横断的な共同体は、すでに一六世紀には存在していた。一五世紀に北西ヨーロッパとイベリア半島を結んでいた経済的絆が、ポルトガル領の大西洋の島々とブラジルにまでおよんだのである。そればかりか、新キリスト教徒と旧キリスト教徒は、取引関係を結ぶだけではなく、結婚することもあった。大西洋は新しい貿易地域で、そのぶん宗派の壁も低くなったからだと考えられよう。

一七世紀最初の数十年間に、ポルトガル出身の隠れユダヤ人は、移住、旅行、さらに貿易を通じて、アムステルダムとさまざまな港とのあいだでのコネクションを確立した。オランダの植民地に定住したユダヤ人は、ポルトガル、ブラジル北西部、アムステルダムのあいだで商業活動に従事した。ポルトガルとブラジルのセファルディムは、オランダが大西洋で使用する港の創出と拡大に寄与することになった。

大西洋貿易とは、たしかにヨーロッパ諸帝国の貿易であり、それには、重商主義国家の政策が大きく反映していた。しかしその「帝国」は、それぞれの国を越えた商人ネットワークが存在していたからこそ維持することができた。そのような商人のなかで、もっとも大きな役割を占めたのは、おそらくセファルディムであった。

セファルディムのネットワーク

ただし、セファルディムのネットワークが、現実的にどれほどの紐帯があったのかということについては、慎重になるべきであろう。大西洋貿易との関係では、セファルディムのネットワークは、彼らが関係した都市数から判断しても、北ヨーロッパの方が地中海よりも重要であったように思われる。

おもにアムステルダムを根拠地としていたセファルディムが、大西洋における帝国間貿易で大きな役割を果たした。彼らはたしかにオランダ共和国に拠点をおく商人ではあったが、オランダの大西洋貿易としてではなく、むしろ帝国間貿易で大きな役割を果たしたコスモポリタンな商人としてとらえるべきなのである。

大西洋は、ヨーロッパ人の内海になっていった。新世界の商品は、ヨーロッパ人のために生産された。

その点からいえば、すでに一八世紀後半には、新世界の経済は明らかにヨーロッパに従属していた。セファルディム商人をはじめとするユダヤ人は、新世界で、旧世界よりも多くの経済的可能性と大きな文化的・宗教的・政治的自由を得た。たとえばヨーロッパとは異なり、南北アメリカのどこでも、ユダヤ人が、彼らの血統を表す衣服を着ることを強制されることはなかった。また、ゲットーに集住する必要もなかった。オランダとイギリスの新世界植民地では、フランス革命以前に、ユダヤ人は市民として年季奉公に出されていた。

たしかに、おそらく一八世紀になっても、セファルディムのカリブ海域における居住者がたった二〇〇〇～三〇〇〇人しかいなかったことを考えるなら、大西洋貿易における彼らの役割を過大評価すべきではなかろう。しかし、セファルディムは、大西洋における砂糖革命の担い手であったことにも疑いの余地はない。また、イベリア半島から追放されたために、ユグノーやアルメニア人、さらにスコットランド人などとは異なり、特定の中核がない民族であったため、そのネットワークはかなり柔軟性が高く、文化や技術の伝播においてその実数以上に大きな役割を果たしたと推測できるのである。

セファルディムは、同質性のある商人集団であった。さらにセファルディムが、少なくとも旧世界よりも自由に貿易できたことは、大西洋経済が、全体として、ある程度同質性のある商業空間になることに寄与したと考えられる。

大西洋は、帝国貿易、さらに帝国間貿易を通じて、ヨーロッパ世界経済の一部となっていった。そこは、ヨーロッパ諸国の利害が入り乱れ、コスモポリタンな商人が集う商業空間であった。だが同時に、砂糖を中心的商品とする一体化した世界であった。この商業空間をヨーロッパ世界経済に組み込むことで、ヨーロッパは、アジアよりも経済力を獲得するようになっていった。それに、セファルディムは大きく寄与したのである。

第八章　アルメニア人——影の支配者

1　アルメニア小史

アルメニア王国は、三〇一年に世界で初めてキリスト教を国教としたことで知られる。アルメニア正教会は、単性論（イエスに神性しか認めない）といわれることもあるが、「自らは単性論派ではなく、むしろ、キリストの二つの本性を不可分とする自身の独特の解釈に従っていると主張した。キリストの人性は強調されなかったものの、それが完全に無視されたのではなかった」というのである。

現在、アルメニア正教徒は約五〇〇万人と推定される。彼らの領土は、何度も大きく変わった。しかし一般に「アルメニア」として考えられている領域は、西は小アジアの高原まで、南西はイラン高原まで、北は南コーカサスの平原、南と南東は、それぞれカラバフの山地とモーガンステップまで広がっている。

この地は交通の要所であり、アジアからヨーロッパを人々が陸路で移動するときに、必ずといってよいほど通らなければならなかった地域である。アルメニアという国が何度も生まれては消滅したことは、彼らがこの地域を拠点としていたことと大きく関係する。

アルメニア人の国家が最初に誕生したのは、ローマがアルタシェス一世を、アルメニア王として認めた前一八九年ないし前一八八年のことであった。しかし同王国は、後一〇年頃までに滅亡した。その後アルケサス朝、さらに三世紀半ばにはササン朝の支配下に入ったものの、アルメニア正教会をもつなど、独自の文化を発展させていった。

その後も、いくつかの王朝の支配下にあったが、八八五年にアルメニア貴族によってアショト一世が国王に推戴されることになった。それをビザンツ帝国、アッバース朝も追認したが、一〇六四年にはセルジューク朝によって滅亡させられた。一一九九年にはレヴォン一世が戴冠され、キリキア王国（小アルメニア）が成立し、同王国は、一三七五年まで続いた。この王国のあいだに、アルメニア人は交易の民として広く知られるようになる。アルメニアの領土は、最大時で一八万平方キロメートルあった。それに対し現在のアルメニア共和国の領土は三万平方キロメートルしかなく、比較するとかなり縮小したといえる。かつては、アルメニア人が居住していた地域は、現在のトルコのポントス山脈から黒海南岸、さらにチグリス川、イラン北西部、現在のアゼルバイジャンの三分の一の地域にまたがっていたのである。現在では、この地域に住んでいるアルメニア人の数はその頃の六分の一でしかないが、それは一九一五年のトルコ人によるアルメニア人の虐殺が大きな原因であった。

アルメニア人は、さらに細かな民族に分かれる。そのなかで最古の人々は、前二〇〇〇年頃に現在のトルコ共和国の南部にあるメソポタミア北部に居住していた人々であった。二番目に古い集団は、ユーフラテス川東部に前一三〇〇年頃に住んでいた人々である。しかし、われわれがアルメニア人とみなす人々は、おおむね前五三〇年頃に出現したと考えてよい。

キリスト教信仰は、音声学的にかなり革新的なアルメニアのアルファベットが採用され、聖書が翻訳された四〇六年から四二八年にかなり強化された。この頃からアルメニア正教は、アルメニア人の最大のよりどころになり、とりわけ、ディアスポラのために強化されることになった。

四世紀後半からアルメニア人は、主として三つの理由でアルメニアから移住することになった。第一にギリシア文化の中心で研究をするために、第二にペルシア帝国の東側の国境地帯、その後はビザンツ帝国の北側の国境地帯で軍事的奉仕をおこなうため、第三に、ビザンツ帝国のなかで強制的に移住させられたためである。一一世紀中頃に至るまで、ビザンツ帝国は、アルメニア人の居住地の人々と強制移住させられた人々を軍人として利用した。ビザンツ帝国の高官、将軍、はては皇帝に至るまで、アルメニア人らからリクルートされたのである。彼らは、アルメニア正教徒ではなくなったり、アルメニア語を話すことさえなくなったが、故郷との親族ネットワークを維持したのである。

七世紀から一〇世紀にかけ、アラブ人のムスリムはビザンツ帝国の人々とともに国境地帯の広大な領域をめぐって戦争をし、現在のトルコ共和国南部のキリキアの人口減少を引き起こした。アルメニア人のなかには、この土地に移住することを余儀なくされた人たちもいた。人々の移動が一〇三三年に加速化したのは、セルジュクトルコ人がアルメニアを侵略しはじめたからである。さらに一〇七一年のマンジケルトの戦いで、彼らはビザンツ帝国の軍隊を粉砕し、アルメニア人の故郷のほとんどを征服した。そのためアルメニア人は、故郷から離散することになった。ただし一〇八〇年には、現在のトルコ南岸部のキリキア地方において、キリキア・アルメニア王国を建国し、それは一三七五年まで続いた。

南アジアにおいて、アルメニア人は、イギリスのために、ムガル帝国とサファヴィー朝の外交と金融面での交渉で重要な役割を果たし、それは一八世紀に至るまで続いたのである。さらにアルメニア人は、その言語能力を生かし、通訳としても活躍したといわれる。ヨーロッパ諸国との商業の発展は、ムスリムであるトルコ人よりもギリシア人とアルメニア人、それにユダヤ教徒の方がはるかに有利であった。
この時代は、ヨーロッパ人がアジアに進出する時代でもあった。その時代に、アルメニア人がどのような役割を果たしたのだろうか。

アルメニア商人の商業圏拡大

アルメニア人の商業圏は、当初はユーラシア大陸の中央部にあり、ヨーロッパとの関係はあまり強くはなかった。そもそもアルメニアの地理的条件、さらには彼らが主として陸上貿易に従事していたことを考えたなら、それは当然のことだといえよう。単純にいうなら、アルメニア人の目は東側を向いていたのである。だが、その状況に変化がもたらされることになった。

一五世紀にトルコ人が小アジアでの戦いで勝利し、一四五三年にビザンツ帝国が滅亡したために、ヨーロッパと東方の貿易には大きな支障が生じることになった。アドリア海からハンガリーの国境、さらにはペルシア湾にまで至るルートは、オスマン帝国のスルタンの手中に収められることになった。さらに黒海は、トルコ人の内海となっていき、そのため西欧商人は、東方との貿易が不可能になってしまった。

オスマン帝国スルタンの経済政策のために、ヴェネツィア商人は巨額の税金を支払うか、中東やエーゲ海の島々から退却しなければならなかった。またジェノヴァ商人は、オスマン帝国の領土から事実上追い出されることになった。中国から中央アジアとイランを通り地中海と黒海に至るシルクロードのルートも閉鎖された。ヨーロッパは、そのルートをたどって、絹と生糸を入手していたのである。オスマン帝国がエジプトを支配するようになったので、インドからエジプトに到達する「香辛料の道」も脅威にさらされ

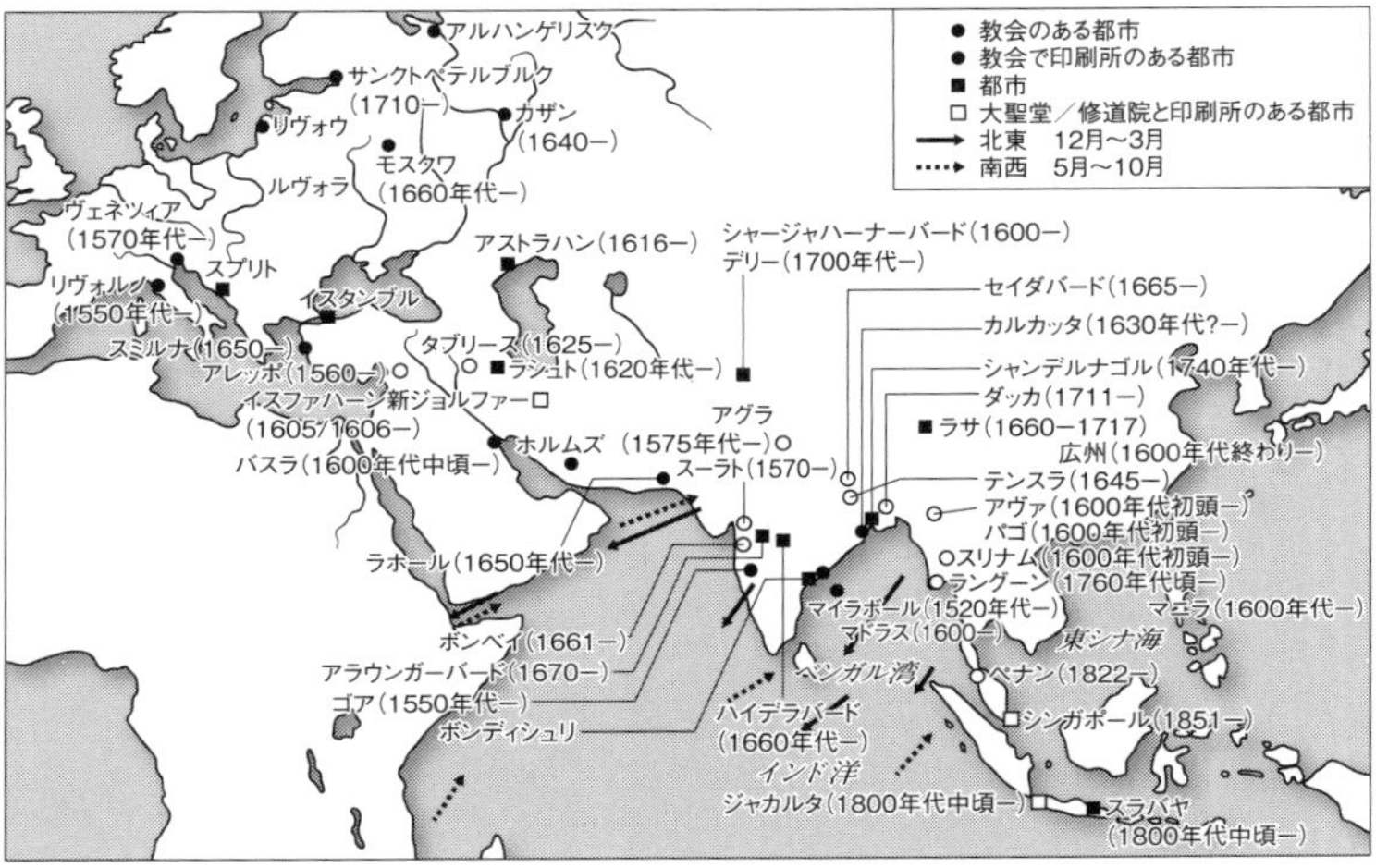

近世ジョルファーにおけるアルメニア人の貿易網と居留地（出典：Sebouh David Aslanian, *From the Indian Ocean to the Mediterranean : The Global Trade Networks of Armenian Merchants from New Julfa*, Berkerley, 2011, p.84 Map 3 and Map 1. をもとに作成）

た。このように、オスマン帝国は、ヨーロッパと東方世界とのルートを切断したのである。

西欧諸国も、手をこまねいていたわけではなかった。そのため、一五七一年にヴェネツィア、スペイン、ローマ教皇庁の連合軍が、レパントの海戦でオスマン帝国の海軍を破った。だが、地中海では何も変わらなかった。依然として、オスマン帝国の影響力は強く、地中海はオスマン帝国の海であった。さらにいうまでもなく、一五〇一年に建国されたサファヴィー朝ペルシアも、オスマン帝国と同様、貿易の拡大に関心を示していた。このような状況において、西欧とオスマン帝国の商業を結びつける人たちが重要になり、そこで登場したのがアルメニア人だったのである。

すでに黒海貿易において、アルメニア人はヴェネツィア商人やジェノヴァ商人と取引関係があった。アルメニア商人は、このときに地中海における取引をおこなうようになった。それは、アルメニア人の住んでいた地域がオスマン帝国によって奪い取られたため、ムスリムに改宗しないなら、そこから脱出し、商業を営むほかなかったのである。

オスマン帝国は、イラン（ペルシア）から輸出される生糸の貿易に興味を抱いた。むろん、それをサファヴィー朝が簡単に許すことはなかった。サファヴィー朝の王（シャー）は、エルブルズ山脈とカスピ海にはさまれたイランのギーラーンで産出される絹の販売を独占していたのである。さらにサファヴィー朝は、一五一九年には、絹の生産地として知られるグルジア（ジョージア）を領土に加えた。

サファヴィー朝はシーア派のなかの十二イマーム派を国教とする国家であり、多数派のスンナ派の国家であるオスマン帝国とは敵対関係にあったことはいうまでもない。サファヴィー朝のイスマーイール一世（在位一五〇一〜二四）とオスマン帝国のセリム一世（在位一五一二〜二〇）は、一五一四年にチャルディラーンの戦いで激突し、サファヴィー朝は敗れた。その後アッバース一世が即位するまで、両王朝の戦いは、オスマン帝国側の有利のうちに推移した。

中東の情勢がこのように混乱し、しかもオスマン帝国により重税を課せられていたため、アルメニア商人のなかには、オスマン帝国の外に逃げ出す人たちもいた。彼らは、ヨーロッパではイタリアのヴェネツィアとリヴォルノ、さらにはオランダに、東方においては、イラン、インド、極東に、南方においては、アレッポとスミルナ（現在のイズミル）に向かった。アルメニア人にとって、貿易に従事することは、生き延びるための重要な手段だったのである。

ヴェネツィアにとって、アルメニア人との協力関係はきわめて重要であった。というのも、ビザンツ帝国の首都であったコンスタンティノープルが陥落してからは、ヴェネツィアは絶えずオスマン帝国からの脅威に備えなければならなかったからである。他方サファヴィー朝は、オスマン帝国の脅威に対抗することはかなり困難だと気づいていた。したがって同王朝は、ヨーロッパのなかに同盟国を見出す必要があり、イスマーイール一世は、反オスマン帝国を目指し、ヴェネツィアと同盟を結ぼうとした。

その交渉に、アルメニア商人が加わったのである。一六世紀において、西欧のキリスト教の力を借りてアルメニア人を解放するという考え方が復活することになった。一五四七年、サルマノスのステパノス四世は、西欧に代表団を派遣し、アルメニア情勢の改善を求める交渉をしようとした。アルメニア人の聖職者は、この会議の主導権を握ろうとしたが、現実的にはアルメニア人がもつ貿易資本が交渉の鍵となった。

一方、サファヴィー朝も、ヨーロッパ諸国との交渉の過程で、アルメニア商人を頼りにした。オスマン帝国に対抗するためには、多数のヨーロッパ諸国の援助が必要だと感じていたので、カトリックの使節団とアルメニア人の商人と聖職者を利用した。ヴェネツィアも、サファヴィー朝との交渉で、アルメニア商人がもつ商業ネットワークを利用した。しかし最終的には、アルメニア商人を利用した交渉は実らず、イラン―ヨーロッパの同盟は調印されなかったのである。

だが、この交渉の過程で、アルメニア商人は、ヨーロッパの市場情勢を熟知するようになった。彼らは、東方の商品のニーズを知るだけではなく、ヨーロッパの商業慣行について学習し、ヨーロッパの貿易会社や金融会社と協力して、ヨーロッパの政府とのコネクションをもつようになった。そのため一六世紀には、ジョルファーのアルメニア商人は、インド、中国、東南アジア、中近東だけではなく、レヴァントとヨーロッパ諸国にまで商業活動の範囲を拡大したのである。

イギリスのモスクワ会社で働いていたアーサー・エドワーズという人物によれば、一六世紀のジョルファーでは、アレッポに毎年四〇〇～五〇〇ミュールロード（一ミュールロードは、一頭のラバが運べる重さ）の絹を輸出し、イギリスとヴェネツィアの広幅毛織物を八〇〇～一〇〇〇ミュールロード輸入したという。

さらに、一五〇一年のイタリアの大商人メディチ家などのフィレンツェの商家の記録によれば、ブルサ（トルコ北西部の都市）では、毎年キャラバン隊が、イランからブルサへと絹を運んでいた。商人は、絹をできるだけ早く購入し、キャラバン隊を使って輸入したのである。

このように、アルメニア商人の商業圏は大きく拡大した。逆にいえば、ヨーロッパ人は、アルメニア人を利用することで東方への進出の足がかりを得たのである。

2　アルメニア人の商業

新ジョルファーの建設

すでにアッバース一世（在位一五八八～一六二九）は、治世の初期に、アルメニア人とグルジア人をイスラーム教に改宗させ、帝国内部で高位につけようとしていた。同帝は、国内における輸送ネットワークの改善に尽力し、隊商宿を設立して、交易を発展させた。道路税率と関税率を固定し、領内での商業活動を推進した。このようにアッバース一世は商業活動を重視したので、アルメニア商人を利用しようと考えるのも、当然のことであった。そのため、絹の貿易に目を向けたと考えるのが妥当であろう。

アルメニア人がディアスポラの民である以上、本来的には故国のない民であるが、彼らは、イスファハーン郊外の新ジョルファーを根拠地として、商業活動を拡大した。新ジョルファーでは、アルメニア人の家族は国王の保護のもとで生活した。彼らが居住した地区では、ある程度の自治を許されていたのである。

アッバース一世は、一五八七年に王位に就いてから、多数の行政改革を企て、国家の運営を効率化しようとした。一五九八年には、(テヘラン北西部の)ガズヴィーンから新ジョルファーに遷都した。そして、ティムール帝国を滅ぼしたウズベク族を破り、さらに長年にわたって劣勢にあったオスマン帝国に対して勝利を得た。アッバース一世の統治下に、サファヴィー朝は最盛期を迎えたのである。この頃のユーラシア大陸には、サファヴィー朝、オスマン帝国、ムガル帝国という三つのイスラーム帝国が鼎立《ていりつ》することになった。

一七世紀初頭には、アッバース一世は新ジョルファーにアルメニア人を誘致した。いや、正確には、アルメニア人を強引にこの地に移住させたのである。アルメニア人は、一七世紀前半においては、おおむねこの新ジョルファーを拠点として活動した。そして、そのネットワークは非常に広く、一八〇頁の地図からわかるように、ユーラシア大陸の多くの地域におよんでいた。ただし、それぞれの居留地にどの程度のアルメニア人が住んでいたのかは正確にはわかっていない。

このように多数の居留地をもつ少数民族を研究するときに、貿易統計がなければ――アジア域内の陸上交易の場合それはふつうである――、そのネットワークの重要性を過大視する傾向があるように思われる。すなわち、数少ない荷物を少数の商人が運搬していたとしても、そもそもその貿易に参加している人数も貿易量もわからないので、多くの荷物をたくさんの商人が運んでいたという結論を出したとしても不思議ではないのである。本書においても、この点には気をつけなければならない。

いずれにしてもアルメニア人はオスマン帝国の市場に進出し、ヴェネツィア人やジェノヴァ人に取って代わり、有力な外国人商人として活躍するようになったのである。新ジョルファーは、アルメニア人の商業ネットワークのハブとして機能した。一六世紀後半において、旧ジョルファーは、インドのゴア、スーラト、アグラへの交易でディアスポラを形成した。そして新ジョルファーの商人は、一七世紀に、ボンベイ、カルカッタ、広州、南アジアと東アジアの交易都市へと定住するようになった。アルメニア人は、一六世紀にはヴェネツィアとリヴォルノに、一七世紀にはスミルナ、マルセイユ、パリ、ロンドンに移住し、一六世紀にはアレッポとバスラに、一七世紀にはアストラハン、カザン、モスクワに商人ディアスポラを形成した。新ジョルファーは、アルメニア商人のユーラシア大陸におけるネットワークのハブになった。

アルメニア人商業の特徴

アルメニア商人のネットワークの中核をなしたのは、家族企業であった。このネットワークの起源は新ジョルファーにあり、家父長的な拡大家族（夫婦と子どもからなる核家族とその子どもがさらにつくった核家族が同居している家族、あるいは兄弟姉妹それぞれがつくった核家族が同居している家族）をベースとしていた。

経営は、二世代にわたってなされた。数名の息子がいたが、その多くは三人から六人であった。彼らは国際的に活動する貿易商人であり、同じ家族の年上のメンバーは、新ジョルファーに残り、事業を監督した。家族の事業面と私的な面を分離することは不可能である。家父長的な家族は、妻と移動する子どもたちの世話をし、結婚は、事業の必要に応じてなされたのである。

家族企業は、コンメンダ代理商を用いて、ネットワークを拡大した。コンメンダとは、事業をおこなう際の共同出資のシステムを意味する。コンメンダでは、投資家と行為者（現実に商売をする人）のあいだの資本の出資比率は一般に一対〇であり、利益の配分は一般に四分の三と四分の一となる。投資家は資金を提供し、行為者は実際に海運事業をして、互いに利益を獲得するが、投資家は現代経済でいうといわばエンジェルであり、行為者とは金銭の負担をすることなく利益を獲得できる人のことである。

コンメンダ契約はしばしばイタリアで利用されたが、その範囲はかなり広く、ハンザ商人、中国商人、ムスリム商人も使用している。コンメンダ契約は、イスラーム世界が起源ともいわれ、アルメニア商人も、この契約を使用した。彼らがコンメンダ契約をした範囲はかなり広く、中東やインドでも使用したのである。

ユーラシア大陸の会社組織の発展を論じたロン・ハリスによれば、新ジョルファーのアルメニア商人は、同じ新ジョルファーのアルメニア人と取引する傾向があった。それには、利点と弱点があった。新ジョルファーの投資家の家族と代理商の家族との関係が強く、高いレベルでの透明性、信頼、さらに社会的強制が保証されたのである。弱点としては、このネットワークそのものが拡大することはないということである。実際アルメニア人は、セファルディムと比較した場合、外国人と取引関係をもつことは少なかったといわれるので、直接異邦人とのネットワークを拡大することは、あまり多くはなかったかもしれない。

ただしアルメニア人は代理商を使用し、新ジョルファーを通じた情報と商品の流通スピードは速かった。さらに、アルメニア人ネットワークは、ゆるやかではあれ、ユーラシア大陸全体の商業ネットワークとつながっていたことも事実である。その点を考慮すれば、アルメニア商人はユーラシア大陸において、かなり大きな影響力をもつことができたと考えられよう。

アルメニア商人と絹

“Silk for silver” とは、サファヴィー朝商業史でしばしば用いられる言葉である。絹と銀が交換されたというわけだが、すでに述べた通り、その担い手となった商人はアルメニア人であった。イランと絹の関係は、シルクロードの建設時にまで遡る。黄河流域の中国の都市と黒海・バルト海にかけての道が、古代からモンゴル時代までつながっていた。時代的には不明であるが、中央アジアのヤルカンド、フェルガナからイランに絹産業が伝えられたとされる。モンゴル時代に至るまで、イランのホラーサーンで、絹の生産が増大し続けていた。さらにそこから、ブハーフ、サブゼバール（ビーハー）、ネイシャーブル近郊へと広がっていった。そしてモンゴルの侵入があった一三世紀になって初めて、カスピ海沿岸のギーラーンとマーザーンダラーンが、イランの主要な絹供給地域になったのである。

ここで絹の輸出に目を向けると、一六世紀以来、アルメニア人は絹の貿易商人として有名であった。近世のヨーロッパで紡がれる生糸の大半が、カスピ海沿岸で生産されており、それがイランで絹になったのである。ヨーロッパで消費される絹は、生糸に換算して毎年二〇万～二五万キログラムであった。そして、ヨーロッパ人が消費する絹の八〇パーセントがイランから輸入された。その輸送を担ったのがアルメニア人であり、絹との交換で、銀が大量にイランに輸入された。一六一五年には、アッバース一世がイランの絹輸出を国家の独占にしようと決心したことからも、サファヴィー朝にとって、絹がどれほど大切な商品であったのかが理解できよう。

一六～一七世紀のイランは、生糸の主要な生産地の一つであった。そして絹を、ヨーロッパ、オスマン

	1626年	1628年
フランス	527,000	581,400
イングランド	358,100	481,700
ヴェネツィア	184,100	302,100
オランダ	177,500	4,100
非ヨーロッパ	10,500	19,500
合計	1,257,200	1,388,800

（単位：ピアストル）

イスファハーンからの輸出額（出典：Gy Kildy Nigy, "Dannye k istorii levpo istorii levantinskoi v nachale XVII stoletiya", *Vostochnye istochniki poistorii Yugo-vostochnoi i Tsentral' noi Evropy* cited in Edmund M. Herzig. "The Volume of Iranian Raw Silk Exports in the Safavid Period", *Iranian Studies.* Vol.25, No.1/2, *The Carpets and Textiles of Iran : New Perspectives in Research,* 1992, p.68.）

帝国、インドに輸出していた。アルメニア人は、レヴァント、ヴェネツィア、リヴォルノ、マルセイユ、アムステルダムへと、絹を輸送した。一七世紀のイランは、ロシアとオスマン帝国との貿易収支は黒字であったが、インドとのそれは赤字であった。そのためアルメニア人は、絹と銀の交換を主要な商業活動にすることができたのである。イランの絹の多くは、アレッポから輸出された。これらのヨーロッパの港に対する輸出量は、ヨーロッパ側の史料で一部ではあれ明らかになっている。それによれば、レヴァントルートでの年間最大輸入量は、一四六六年のフィレンツェのガレー船の二万キログラムであった。だが、これは例外的に高い数値である。けれども、この数値は一六世紀後半になると上昇し、ヴェネツィアの輸入額は、年平均一二万五〇〇〇キログラムを超えた。ジャン・シャルダンによれば、木綿はインドから品質の良いものが流入していたので、綿を生産する誘因はイランにはなかった。

右の表は、イスファハーンを通した輸出額を表したものである。この表によれば、フランス、ついでイングランドへの輸出額が多いことがわかる。一六六〇年代になると、スミルナに取って代わってアレッポがイラン製の絹の輸出の中心になり、イングランドが最大の輸出先となった。絹輸出は、さらに増大した。

一六七五年には、スミルナ経由で全体として四二万二〇〇〇キログラムの絹が輸出され、イングランドへは一四万六〇〇〇キログラムが輸出された。データは乏しいが、一六～一七世紀のあいだに、絹貿易が増加したことはほぼ間違いない。一六一〇年には、スミルナとアレッポに、それぞれ一〇〇世帯と二〇〇世帯の家族がいたといわれる。

銀の流通

世界的な銀の流通を研究者したウィリアム・アトウェルによれば、ボリビアのポトシ銀山の銀生産量は、年平均で、一五七一～七五年が四万一〇四八キログラムだったのが、一五九一～九五年には二一万八〇五六キログラムになった。

新世界から東アジアに銀が送られるもっとも重要なルートは、太平洋を横断し、メキシコ西岸のアカプルコから、直接フィリピン諸島に送られるルートであった。一六世紀の終わり頃から一七世紀前半まで、アカプルコからマニラへの輸出の多くは非合法だったので、輸送量を推計することはかなり難しいが、一五九七年の総計は、三四万五〇〇〇キログラムであった。この銀が、中国の絹や陶磁器、リネンなどと交換されたのである。

このルートに加えて、かなりの量の銀が、メキシコからパナマ地峡を経てセビーリャに送られ、非合法的にポルトガルに輸出された。その銀とともに、ブエノスアイレス経由で、地金がペルーからリスボンへと密輸された。銀は、喜望峰を通り、ゴアまで送られた。一六世紀後半から一七世紀初頭にかけ、ポルトガル人は、ゴアからマカオに毎年六〇〇〇～三万キログラムの銀を運んだ。

また第三のルートは、新世界からセビーリャに合法的ないし非合法的に運ばれた銀が、ロンドンやアムステルダムに送られ、さらにそれを英蘭の東インド会社が東南アジアに輸送し、中国産の絹、陶磁器と交換されるルートであった。

アトウェルと同様、世界的な銀流通の研究で名高いフリンとヒラルデスによれば、一五七一年にマニラが建設されたことも、世界史上大きな意味をもった。アカプルコからマニラまで、スペインの銀を運ぶようになったからである。その銀は、さまざまなルートを経て、最終的には中国へと運ばれた。

マニラは、瞬く間に新世界と中国のあいだの活発で非常に利益があがる貿易の焦点となり、いつか太平洋・インド洋商業の商業拠点になる運命にあるといわれていた。スペインから喜望峰を経て銀が輸出されるルートに加えて、アカプルコから太平洋を渡りマニラを通じて、やがて中国に送られるようになった。このルートでは、スペイン領新大陸の銀が支配的な力を行使した。

ちなみに新世界の銀に加えて、日本の銀も大量に中国に輸出されていた。日本銀の産出量は、ボリビアのポトシ銀山に匹敵していたという意見すらある。日本が中国から綿、絹、生糸、茶などを輸入しており、その代価として銀を輸出していた。日本の銀生産高は、世界の三分の一を占めたとさえいわれる。もっとも重要な日本の銀山は、石見銀山であり、日本銀の輸送では、ポルトガル人やオランダ人、中国人も活躍していた。決して、日本の商人が活躍していたわけではない。日本が外国と正規の貿易をしていた長崎からの輸出には、ポルトガル人の力が必要であった。

アルメニア商人と銀

サファヴィー朝で使用される銀は、ここに述べた世界的な銀の流通に大きく関係していたことはいうまでもない。そのために活躍していたのは、オランダ人であった。オランダ人は銀を輸出しており、その銀は、彼らが極東との貿易のために必要としたものであった。一七世紀後半になると、銀は以前よりも入手しにくくなったので、オランダ人は、イランで絹や貴金属を購入することをやめようとした。その頃になっても、アルメニア人は、銀の主要な購入者であった。アルメニア人は、オランダ人とインド人と競争しており、非合法的ではあったが、インドに銀を輸出することに成功した。じつはアルメニア人は、サファヴィー朝の王により、銀の輸出を禁止されていたのだ。

オランダ人はアジアでの交易に参画し、アジアの市場で銀を使用していた。イギリス東インド会社は、ヨーロッパから銀をアジアに持ち込んでいたのに対し、オランダ東インド会社は、日本や中東を銀の供給源にしていた。オランダ東インド会社が一六二三年にイランの絹輸出に従事するようになると、むしろ香辛料の貿易のために銀が使用されるようになった。一六四〇年代には、イランからインドに対する銀輸出の中心地としてバンダル・アッバースが擡頭した。

アルメニア人は、インド洋での貿易をおこなうために日本の銀に依存しており、しかもそれはオランダ人が供給していた。一六六八年に、徳川幕府が銀輸出を全面的に禁止し、アジアの銀流通はとどこおりがちになったことは、それに負の作用をおよぼした。またアルメニア人がイランにもたらす銀の総量が低下したのは、銀の取引による利益額が減少し、サファヴィー朝が経済的に衰退したからである。さらに、新ジョルファーがサファヴィー朝で果たしていた役割が低下したため、一六六〇年代から、アルメニア人は、イランを経由せず、直接インドに赴くようになり、イランは絹の輸出による利益を期待できなくなった。そのため、一六六〇年代から九〇年代にかけ、イランの都市バンダルアッバースからの銀の輸出はかなり少なくなったのである。

アルメニア人は商業の中心をインドに移していった。インドとの貿易を増やし、場合によっては定住した。サファヴィー朝とアルメニア人の蜜月時代は終焉を迎えたのである。

ロシアとの貿易

ロシアとの貿易に関しては、データが散発的であるばかりか、一七世紀最後の四半期に至るまで、その量も少なかった。

新ジョルファー商人は、一七世紀中頃から、ロシアルートを通じて絹を輸送する可能性を模索しはじめた。オスマン帝国の領土を通ることは安全上大きな問題があり、ロシアを通った方が、バルト海に簡単に出られたからである。一六六七年、新ジョルファーのもっとも裕福な商人たちがロシアと貿易協定を結び(一六七三年に更新された)、イギリス人とオランダ人にはない特権を獲得した。それにより、ナルヴァ(このときはスウェーデン領)ないし白海に面するアルハンゲリスクを通して、北西ヨーロッパにイランからの商品を輸送することが可能になったのである。

新ジョルファーの商人にロシアルートが開かれると、ロシア北部に定住していたアルメニア人が、次々に出てきた。アルメニア人の定住地としてもっとも重要だったのは、アストラハンである。一六一六年のアストラハンにおいては、一一のアルメニア人居留地が記録されている。彼らは、基本的に新ジョルファー出身であったと推測するのが妥当であろう。一六三〇年には、アストラハンを居留地とするアルメニア人の数はめざましく増加し、アルメニア正教会の建物が建設されることになった。

ロシアはアストラハンを通し、一六七六年には、生糸四万一〇〇〇キログラムを輸入していた。一七一二年には、四万四〇〇〇キログラムの生糸がアストラハン経由で輸入された。一七世紀末までにはロシアルートで、かなりの量の絹が輸出されるようになり、一七〇〇年には、一〇万キログラムになったと推計されている。また、ヴォルガ川を航行するルートの開拓により、英蘭の東インド会社、オスマン帝国の両方を混乱させた。一七二一年、オスマン帝国は、アルメニア人の絹商人にロシアルートではなくレヴァントルートを使わせるために、五パーセントの税金をかけた。ロシアルートは、レヴァントルートに対する脅威になっていたのである。

さらにアルメニア人は、アルハンゲリスクを通して、大量の絹を輸出するようになった。しかし、一六八七年には、アルハンゲリスクはその地位をナルヴァに譲ることになる。ナルヴァの擡頭は、中継貿易の中心を白海からバルト海に移動させようというスウェーデン政府の政策を反映していた。アルハンゲリスクは、もともとイギリス人がロシアとの取引を開始した港町であった。一五五五年には、イギリス商人だけではなく、オランダ商人もアルハンゲリスクで商業活動をするようになった。アルハンゲリスクにはオランダ商人の居留地ができ、この港町で取引する代表的な人々は、オランダ商人へと変わっていったのである。

アルハンゲリスクは、冬期の五カ月間は凍結して使用できなかったが、ロシアでほぼ唯一の海外との取引港だった。サンクトペテルブルクは、ロシアの「西欧との窓」と呼ばれるが、一六世紀中頃から一七紀末にかけては、アルハンゲリスクが「西欧との窓」だったのである。

インド、チベットと東南アジアとの関係

何度も述べたように、一七～一八世紀の国際貿易において、インドはもっとも重要な拠点の一つであった。インドの繊維品と生糸は、世界市場で最良かつもっとも安価であったので、アジアやヨーロッパのさまざまな地域から多様な商品を求めて、インドにやってきたのである。

アルメニア商人は、ムガル皇帝アクバル（在位一五五六～一六〇五）によってインドに誘致されたといわれる。新ジョルファー商人は、一七世紀前半にインドでもっとも豊かなベンガルに定住した。マドラス（チェンナイ）は、インド洋の新ジョルファーの貿易ネットワークの中核の一つであった。東南アジア、しかもマニラやアカプルコと取引する新ジョルファー商人は、マドラスを拠点にした。そしてベンガルは、アルメニア人の重要な商業拠点となり、彼らは、この地を根拠地として、オランダ東インド会社と通商上の競争をした。

一七世紀末になると、明らかに、新ジョルファーのアルメニア人が宮廷で代理人として登場するようになった。アルメニア人の共同体は、アグラで教会と隊商宿を所有していた。

また新ジョルファーのアルメニア人は、インド洋の海上貿易にも従事していた。ボンベイ、マドラス、カルカッタに商館を建設し、一七世紀後半には、ボンベイ、さらに一八世紀にはカリカットにも商館を建てた。彼らは、陸上・海上ルートの両方を貿易ルートとし、インドの国境を越えた。チベットでは、貴金属と中国の金がインドの織物、琥珀、真珠と交換されただけではなく、アルメニア人の共同体があった。

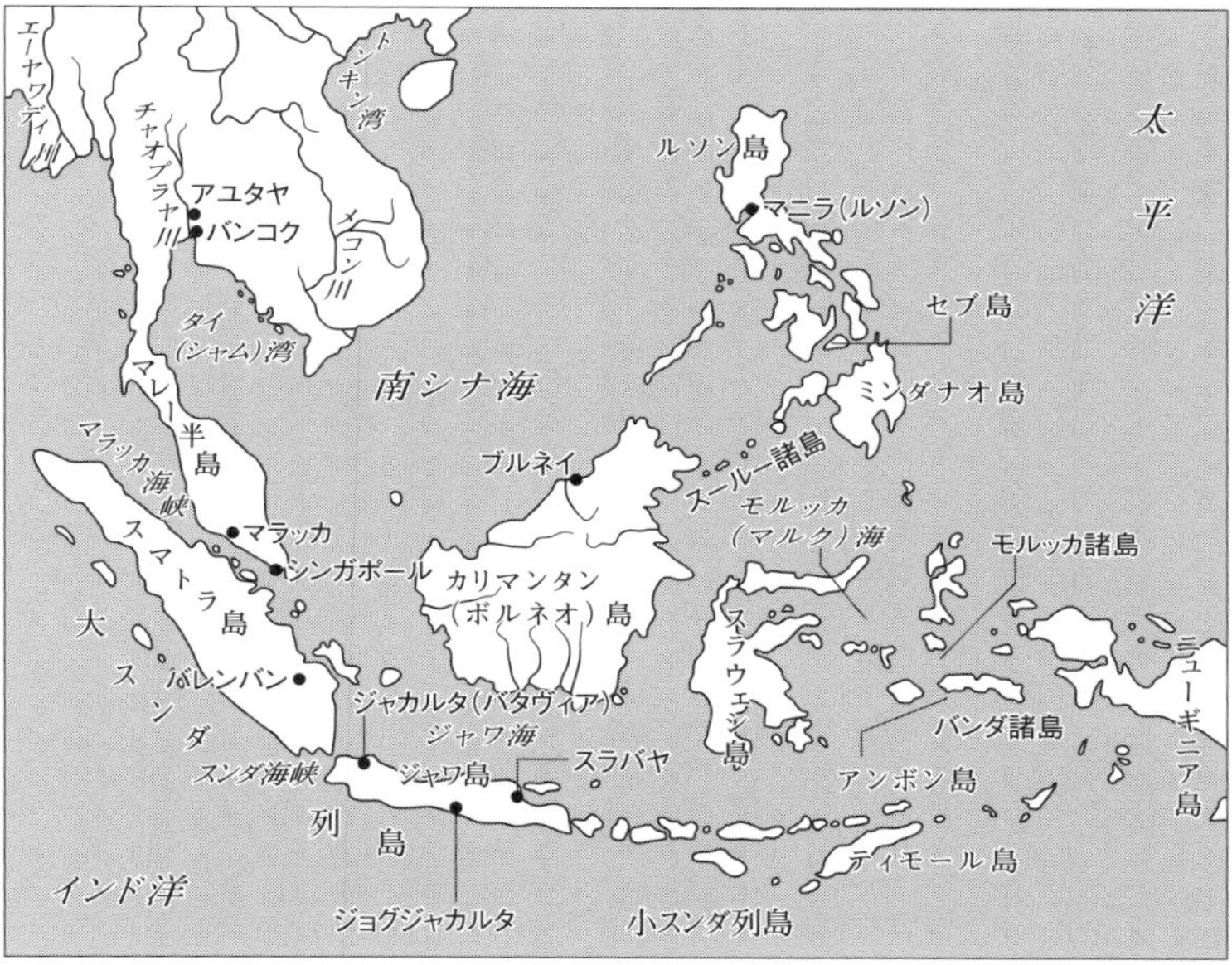

東南アジアの地図

コロマンデルに拠点をおくアルメニア人は、フィリピンとの貿易で重要な役割を果たした。一七世紀には、バタヴィアでアルメニアの船舶があったことが記録されている。

インド―マニラ貿易

新ジョルファーからインドへは、多くのアルメニア人が移住していった。そもそも、サファヴィー朝と比較したなら、ムガル帝国は豊かであり、アルメニア商人が惹きつけられたのも当然であった。

一七世紀後半から、アジアの海上貿易は大きく増えていった。英蘭の東インド会社が貿易量を増大させたことが大きな要因であったが、この時代は、インドの海上貿易も拡大していた。そのため、ヨーロッパ人が定住していったのである。アジアとの貿易にヨーロッパ人が利益を見出したのであろう。ヨーロッパ人、なかでもイギリス人が定住したことで、サファヴィー朝の外側で安全で安定した地域を探していたアルメニア人が惹きつけられた。さらにアルメニア人は、サファヴィー朝の権威主義的体制ではなく、イギリスの法制度のもとで貿易しようとした。そのためもあり、インド洋の商業資本主義は大きく繁栄することになった。

アルメニア人がデカン高原に定住しはじめたのは、一六世紀のことである。それとほぼ同時期に、彼らはコロマンデルでも活動するようになり、なかでも、マドラスとマチリパトナムが重要であった。マドラスはイギリス東インド会社のインドにおける活動拠点であったことから、イギリス人とアルメニア人が、商業活動で協働するようになったと考えるのが妥当であろう。実際アルメニア商人は、もしマドラスに定住したなら、イギリス人と同程度の権利を得ることができたのである。しかもアルメニア人は、ヨーロッパに戻る船舶で、自分たちの商品を輸送することもできた。これらの政策は、イギリスの利益を考えてのことであったが、アルメニア商人が担っていた役割の大きさを示すこともたしかなのである。

アルメニア商人は、フランス人とも契約し、フランス東インド会社の根拠地があったポンディシェリで貨幣と商品を供給した。アルメニア人にとっては、ともかく利益をあげることが第一の目的であり、イギリス人だけと取引する必要はなかった。またイギリス人としても、マドラスで貿易することで多額の関税を納めているアルメニア人を追い出すことなどできるはずもなかった。アルメニア商人は、二つの港を利用することで、貿易形態に多様性をもつことができ、貿易につきもののリスクを軽減できたのである。

インドの港から出航したアルメニア人の船が向かう先として、一番重要だったのはマニラであった。このフィリピンの港は、スペイン王フェリペ二世の命を受け、一五七一年に建設され、フィリピン諸島でもっとも重要な港であった。また、アカプルコを出港したガレオン船の到着港としても知られる。マニラには、トルコ人、アンゴラとコンゴからのアフリカ人、ペルシア人、インド人、中国人、日本人、東南アジアの人々、加えて多くのアルメニア人が訪れるコスモポリタンな都市であった。

マニラからインドに輸送される商品のなかで、もっとも重要なものは、スペイン領新大陸から輸送される銀であった。アカプルコからマニラまで輸送された銀は、ヨーロッパからアジアに陸上・海上ルートで輸送された銀の総量と同じであったようである。ある推計では、一五七〇年から一七八〇年に太平洋経由でアジアに到達した銀の総量は四〇〇〇〜五〇〇〇トンであり、そのうち半分近くが中国で消費された。一八世紀になると、アカプルコでインド綿の消費量が急速に増加し、それは同市において、中国の絹に次いで二番目に重要なアジアからの輸入品となった。マドラスからマニラへの織物輸送量は、一八世紀のあいだに大きく増加した。

アルメニア商人のなかには、マニラに定住するものも出現するようになった。アルメニア人はキリスト教徒であったため、セファルディムと比較すると、カトリック国スペインの領土であったマニラでの取引で有利であり、改宗を勧められたアルメニア人もいたという。

アルメニア人とヨーロッパ人

アルメニア人が、アジアの市場でヨーロッパ人と競争していたことはたしかである。アルメニア人はヨーロッパだけではなく、アジアとの貿易にも従事していた。彼らは、ヨーロッパの商人と同じ商品を扱っていたので、しばしば競合関係となったのである。だが、それは現象の一面を見ているにすぎない。ヨーロッパ人がアジアとの貿易を開始したときに、彼らは同じキリスト教徒のアルメニア人と互いに影響しあった。つまり、協力関係になることもあったのだ。

デンマーク人の歴史家ニールス・ステーンスゴーアによると、一六二〇年代には英蘭の東インド会社により、ヨーロッパ―アジア間の貿易形態が、陸上のキャラバンルートから海上ルートへと変化した。ステーンスゴーアはこれを、「輸送革命」と名づけた。だが現実には、キャラバン隊の使用は続いており、陸上ルートが使われなくなったわけではない。

ムガル帝国が誕生する以前には、インドに来るアルメニア人のほとんどは遍歴商人であり、毎年、事業のために来て故国に帰るのがふつうであった。だが移動にかかる時間を考慮するなら、一年間で事業を完結させることは難しかった。

一七世紀末には、インドの中央権力が弱体化し、権力の中心は海岸部へと移動するようになった。海岸部で貿易していたヨーロッパ人にとって、アジアの商人との関係を築きあげるために、それは好都合なことであった。一七世紀後半になると、スーラトの海上貿易は増加し、かつて陸上ルートで運ばれていた商品の大部分が、一八世紀初頭には、海上ルートで輸送されるようになった。

一六八八年には、アルメニア人とイギリス東インド会社のあいだで協定が結ばれた。この協定では、アルメニア商人は、すべてのイギリスの港で、イギリスの公民と同じように、貿易と決済をすることになっていた。それに対しては、新ジョルファーのアルメニア人が反対したので実現されなかったが、この協定を結んだことは、イギリス東インド会社にとって、インドとの商業関係において、アルメニア人との協力がどれほど重要であったのかを物語っている。

一七一一年には、アルメニア人はマドラスで多数居住する裕福な人々になった。一八世紀にボンベイ、マドラス、カルカッタの港が成長するにつれ、ヨーロッパ人、とくにイギリス人の居留地スーラト、フーグリー、サイダバード、ダッカなどは、インドにおけるアルメニア人共同体の主要な居留地となった。イギリス人の居留地には、アルメニア人の教会が建設され、アルメニア人とヨーロッパ人との結婚も見られた。興味深いことに、花嫁はアルメニア人で、花婿はヨーロッパ人であった。

もう少し詳しく述べよう。英蘭の東インド会社の職員がアルメニア人女性と結婚したのは、アルメニア商人の商業ネットワークを利用したかったからだと考えられる。むろんそれにより、アルメニア人は両者とのコネクションをもち、ヨーロッパ人がインドに投資することを助けた。ここからも理解できるように、アルメニア人はヨーロッパ人とインド人をうまく利用したのである。

3 アルメニア人と綿織物

インドの綿織物

綿織物は、イギリス産業革命を発生させた。これまでの研究では、綿の紡績と織布に焦点が当てられており、捺染にはあまり関心が向けられてこなかった。ここでは綿織物の歴史について、この分野の権威であるジョルジオ・リエロの研究にもとづきながら述べてみたい。

綿は多年生のワタ植物（ワタ属アルボレウム）に属する。綿栽培の最古の遺跡はメキシコで発見されており、すでに約八〇〇〇年前には栽培されていたことが明らかになっている。旧大陸では、現在のインドで約七〇〇〇年前に木綿が栽培されていたことが判明している。さらに前二五〇〇～前一五〇〇年頃のインダス川流域にあるモヘンジョダロの遺跡からは、綿織物を生産していた痕跡が見つかっている。綿の生産はインドから中国にまで拡大し、一六〇〇年以前に、大量の中国産の綿が、雲南省からビルマまで到達している。中国では、いくつかの地域が綿の生産に特化し、運河を使うことで、中国全土に綿が売られることになった。

インドでは、一七世紀以前には、主要な綿生産地域間を結ぶ大規模な原綿貿易は存在していなかったが、一七世紀後半になると、二五〇〇万ポンドの原綿が、毎年デカンからコロマンデルへと取引されたらしく、ここからインド内部での原綿の輸送が活発だったことがうかがえる。

インドでは、多様なタイプと品質の綿が栽培され、高級なモスリンから、低品質な原料で生産される低級品にまでおよび、それが地方の生産を特徴づけるようになっていった。小規模農地で栽培された低品質な綿繊維は、小農の家計内部の基本的な産業の加工過程のための原料となり、それは、インドや中国だけではなく、他のユーラシアの諸地域を特徴づけたパターンでもあった。インド人の織り手は、カースト制度に所属していたばかりか、個々の村落は、異なるカーストから織り手を調達することができたのである。

このような枠組みのもと、インドの綿製造の商業化はどんどん進展していった。紡ぎ手の生産物の商業化を促進したのは、村落自体であったが、布地の販売は、織り手が布地を自由な市場で販売するか、商人に依存していた。織り手と商人のあいだの関係は、二つの点で特徴的であった。それは、現金での前貸し（いわゆるダドニ制度）にもとづいており、商人が現金で前払いしていたのである。

これには仲介人がおり、さらに彼らは村落内部の他の仲介となる商人に頼り、注文に対し手数料をとった。仲介人に取って代わるブローカーもいたかもしれず、ブローカーは商人のために活動し、村落内部で織り手になることができただけではなく、価格のおよそ一～二パーセントの小額の手数料を受け取っていたのである。インドでは、このように、綿織物の生産者の独立性は高かったのだ。

インドキャラコの流入

インドの手製の綿織物は、インドキャラコと呼ばれた。これは肌触りがよく比較的安価で、イギリスだけではなく、ヨーロッパ諸国はこぞって輸入した。インドキャラコは、中世後期には、地中海ですでに高く評価される商品であった。ヴェネツィア商人とジェノヴァ商人は、香辛料、さらに宝石、ペルシア製の絹のような高級品、インドキャラコを入手していたレヴァントの中間商人を使って、アジアと積極的に貿易をし、インドキャラコを輸入しようとしていた。

リエロによれば、たとえば一六八二年のイギリスでは、「フランスやオランダ、ないしフランドルの布地ではなく、キャラコを着ることが（中略）より一般的になってきたことは、『国家的利益』だ」と、いわれたのである。

当時イギリスは、ヨーロッパ諸国との貿易競争の真っただ中であった。イギリスがこの頃ヨーロッパ大陸（中欧）から輸入していた織物はリネンであり、ライバルであるヨーロッパ諸国から輸入するなら、イギリス東インド会社を通じてインドから輸入する方がよいと、イギリス政府は考えたのである。

ヨーロッパに輸入されたインド綿は、一七世紀末には、「キャラコ熱」ともいうべき現象を引きおこしたとされる。だが、その人気は、多くの同時代人の発言とは異なり、「熱狂的（craze）」というほどではなかったことが最近の研究ではわかってきている。

この過程で重要だったのは、ヨーロッパ人は、だんだんとインド綿に「慣れていった」ことである。インド綿の販売が徐々に多くなっていったのは、インド綿にヨーロッパ人が徐々に慣れていったからであり、やがてインド綿そのものに違和感を覚えなくなっていった。逆にその慣れに恐れを感じたのか、イギリスでは、キャラコの輸入が禁止されたのである。

捺染技術の発展

インドは、捺染技術の点でも、元来ヨーロッパよりすぐれていた。それをヨーロッパに伝播させたのは、アルメニア人であった。ジョルジオ・リエロの言によれば、アルメニア人は、綿の捺染技術をイランで学習した。

ヨーロッパの捺染工は、インドのように手によって捺染するのではなく、銅のプレートとローラー捺染の発明によって捺染するようになった。これは、大きな技術的進展であった。ヨーロッパでは、インドとは異なり、捺染工が不足していたが、紙と銅版による印刷に関する多数の経験があった。たとえばエッチングがそれにあたる。また、印刷機を用いて大量に捺染することに成功した。捺染は、英語でprintという。したがって印刷機を使い、綿織物に捺染することと、紙に印刷することは、基本的に同じ技術であり、グーテンベルクが発明した活版印刷術が、綿織物の捺染に役立ったのである。

産業革命によって、紡績と織布の工程が機械化されたことはよく知られている。しかし、そこに抜けているのは、捺染工程である。大量に綿織物を製造することは、捺染、すなわちプリントの効率性が大きく上昇しなければならない。捺染工程もまた、機械化されたのである。

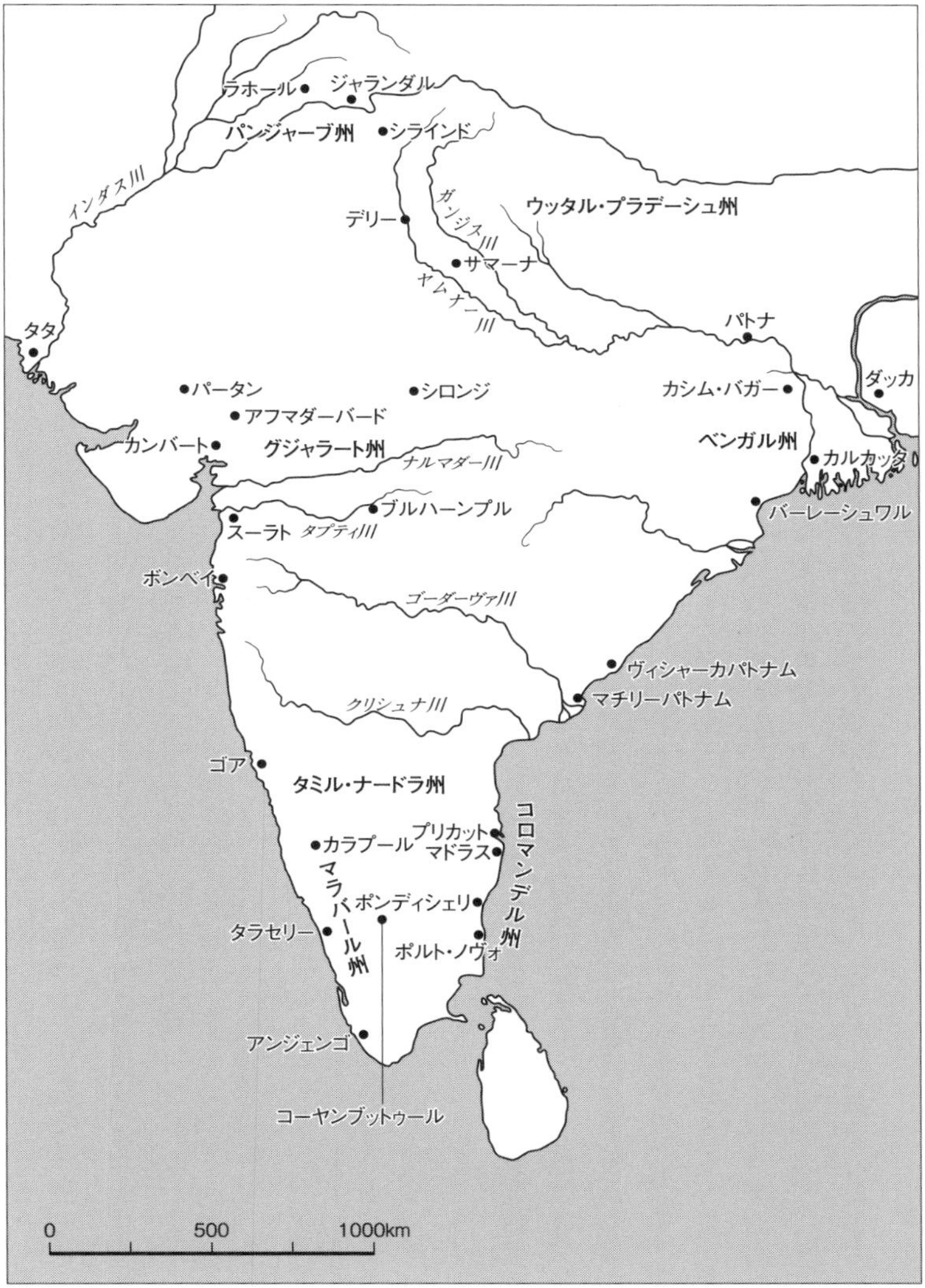

インドの地図（出典：Giorgio Riello, Cotton: *The Fabric that Made the Modern World,* Cambridge. 2013, p.12 をもとに作成）

紡績・織布・捺染の三工程が機械化されたからこそ、イギリスの綿織物製造のコストは大きく低下し、インドの綿織物との価格競争に勝利し、イギリスは「世界の工場」になることができた。それは、非常に長い過程であった。そして、この長い過程のあいだに、イギリスは、そして長期的にはヨーロッパは、インドのみならず、アルメニア人の影響下から離脱することに成功したのである。

おわりに

セファルディムと同様、アルメニア人が世界史で果たした役割は、明らかに過小評価されてきた。アルメニアはユーラシア大陸全土に貿易拠点をもっていた。そのネットワークを利用しなければ、ヨーロッパ人はアジアに進出することは不可能であったろう。

一七世紀初頭に、アッバース一世によって、多くのアルメニア人が新ジョルファーに移住させられた。それと同時に、多数のアルメニア人が東方に向かい、同じタイミングで、ヨーロッパ人はアジアに進出してきた。アルメニア人がそれをうまく利用しただけではなく、ヨーロッパ人もまた、アルメニア人と競合するだけではなく協同するようになった。

イギリスは、一六二三年のアンボン事件によってオランダに敗北し、東南アジアから出て行かざるを得なくなり、やがてマドラスを東インド会社の根拠地とした。一八世紀になると、アルメニア商人が東南アジアとの貿易を活発にしたのだから、アンボン事件は、イギリスにポジティヴな影響を与えたのである。

重商主義時代には、国家の商人への強制力はあまり強いものではなく、商人が密輸することもしばしば見られた。英仏蘭の東インド会社の従業員はときとして、自分が属する国家の意思を無視して他国の商人と商業活動をおこなった。どの国の東インド会社も、それを阻止するほどの力はなかったからである。国家と商人は共棲関係にあり、アルメニア商人は、そのような時代に活躍したコスモポリタンな商人であった。

さらにアルメニア人は、商業ばかりか、捺染技術にすぐれた民でもあった。一六世紀にオスマン帝国は、インドでもっとも人気がある生地の模造品を生産するキャラコ捺染工業を発展させた。一七世紀には、綿生産はインドでの経験を利用して、イスタンブルで発展したが、その工場の所有者はアルメニア人であった。またマルセイユは、一七〜一八世紀において、オスマン帝国に由来する捺染綿の重要な輸入地域であった。ここから、マルセイユの捺染業に与えたアルメニア人の影響の大きさが推測される。日本では深沢克己が実証したように、マルセイユの捺染技術は、インドからアルメニア人が陸上ルートでもたらしたものであった。

ヨーロッパの捺染業は、インドとは異なって大規模であり、その規模は、イスタンブルの工場の規模をはるかに凌駕した。そのためヨーロッパは、明らかにアルメニア人の影響下から離脱することができたのである。

第九章　セファルディムとアルメニア人

はじめに

前の二つの章で見たように、セファルディムとアルメニア人は、ヨーロッパの対外進出に欠かせない存在であった。彼らがいなければ、ヨーロッパは重商主義社会を形成できなかったと考えられるのである。セファルディムのディアスポラは、ヨーロッパの宗教的非寛容性によって生じた現象であった。スペインでは、必ずしも平和裡にというわけではなかったであろうが、カトリック、イスラーム教、ユダヤ教が並存していたのであり、レコンキスタによってスペインがカトリックになったのは当然であったという歴史観は、すでに過去のものになったといってよい。

それによって生じた現象が、セファルディムのディアスポラだったのである。ただし、一四九二年にスペインが統一されてからは、国内では、コンベルソはカトリックに改宗しただけではなく、完全にカトリック信徒としてスペインに同化したと思われるのである。それは、逆にいえば、国外に出たコンベルソが、スペイン帝国のために働く人々ではなかったと推測することは、十分に理にかなっている。しかしそのような彼らの行動が、最終的にヨーロッパの利益になったことは、砂糖革命でセファルディムが果たした役割に見られる通りである。

セファルディムの事業形態について考察するうえで手がかりとなるのは、フランチェスカ・トリヴェッラートの研究である。それによれば、少なくともリヴォルノのエルガス＝シルヴェラ商会がインドと貿易をするときは、委託代理商を利用していた。そのため、プリンシパル－エージェンシー関係が生じたのである。

プリンシパル－エージェンシー関係とは、依頼人（プリンシパル）とエージェンシー（代理人）のあいだの関係であり、代理人が、依頼人の要求をどのようにすれば裏切らないかなどが研究される。プリンシパルは、エージェンシーに商行為を委ねるが、エージェンシーがプリンシパルの期待に即した行動をするとはかぎらないので、エージェンシーがプリンシパルとの契約をどうすれば裏切らないのかなどが研究の対象となる。

非常に長距離の貿易をおこなうにあたっては、プリンシパルがエージェンシーを管理することはかなり困難であるばかりか、別のエージェンシーを見つけることも難しい。そもそも、プリンシパルがエージェンシーをうまく管理できるとは期待できない。それは、取引に非常に長い時間がかかるので、プリンシパルは最新の情報を利用することができないからである。

しかし、アルメニア人と違い特定の中核をもたないセファルディム（ただし正確にいうなら、アルメニア人が新ジョルファーを拠点としていたのは、一七世紀前半だけであった）は、リヴォルノにいたとはいえ、定住して商業を営んでいたわけではないので、よりリスクの高い委託代理商を利用するほかなかったように思われる。プリンシパルである彼らは、エージェンシーである委託代理商を利用せざるを得なかったのである。

では、アルメニア人やセファルディムはなぜ近世においてこれほど国際的に活躍したのであろうか。この時代は、ヨーロッパが積極的に対外進出した時代であった。そのための機関として、英蘭の東インド会社などがあった。けれども、これらの会社は、決して単独で商業ができたわけではなく、現地の商人と協同する必要があった。新ジョルファーのアルメニア人も、セファルディムも、英蘭の東インド会社と協同で事業をしたことがあった。そればかりか、現地の商人自身も、コンメンダ契約や委託代理商を用いて、商業を拡大させたのである。それは、ヨーロッパの対外進出とも大きく関係していた。すなわち、特許会社が現地の商人を利用しただけではなく、彼らも特許会社を利用して商業をしていたのである。

ヨーロッパ諸国が設立した特権商事会社も、その独占力は決して強くはなく、現実には抜け穴だらけであった。彼らを出し抜いた密輸は簡単であったし、現地商人との商業上の協同作業もしなければならなかった。おそらくそのためにもっとも重要だったのが、アルメニア人とセファルディムだったのである。

ヨーロッパが拡大した時代には、ディアスポラの民の商業ネットワークも世界的に拡大したのである。そのような人々とヨーロッパが互いに結びつき、相互依存関係を強めた。これが、重商主義時代の特徴であった。それが明らかにヨーロッパ側の優位に変わるのは、一九世紀の帝国主義時代のことであった。

セファルディムとアルメニア人のネットワークの違い

セファルディムのネットワークは、近世においてもっとも柔軟性があり、広範囲におよんでいた。このネットワークは、近世の広大な帝国を網羅した。オスマン、ヴェネツィア、ポルトガル、スペイン、オランダ、イギリス、フランスの諸帝国である。ネットワークの広がりという点で見ると、アルメニア人よりも広かったが、この二つのネットワークには、二つの点で大きな差異があった。第一に、セファルディムの活動の中心はむしろ大西洋であり、インド洋ではなかった。それは、新ジョルファーを中心としたアルメニア人とは違っていた。

第二の差異は、セファルディムはネットワークに特定の中核があったわけではない点である。セファルディムには、いくつもの中核となりうる都市があった。リスボン、アムステルダム、リヴォルノ、ハンブルク、ロンドン、サロニカ、イスタンブルがそれに含まれる。つまり、ある地域で事件が発生し、商業活動が不可能になったとしても、別の地域に行けば続けることができたのだ。このように、特定の中核がないということは、突発的な出来事があったときのリスクヘッジになった。

セファルディムのネットワークは、中世のスペインとポルトガルに起源があったが、一四九二年にユダヤ人が追放されてから、本格的に拡大した。アシュケナジムとは異なり、何度も迫害されたにもかかわらず、セファルディムは、他のユダヤ人よりは恵まれていた。一四九二年に追放されるまで、ユダヤ人の多くは、強制的にキリスト教に改宗させられていた。追放されたユダヤ人のほとんどは、スペインのオスマン帝国に逃れ、サロニカやイスタンブルに居住した。あるいは、ポルトガルで、一四九七年に新キリスト教徒として洗礼させられた。

セファルディムは、貿易形態の変化と大きく関係していた。一五五〇年に、ポルトガルの隠れユダヤ人は、ブラジル、インド、西アフリカ、低地地方にニッチを見出した。オスマン帝国に避難したセファルディムは、ヴェネツィア人、ジェノヴァ人、フィレンツェ人に取って代わり、帝国の庇護を得た。一五八〇～一六四〇年にスペインとポルトガルが合同したときに、セファルディムのネットワーク拡大にとってもっとも重要な出来事があった。ポルトガルのコンベルソがスペインに、さらにはスペイン経由でスペイン領アメリカに移住することになったのである。ポルトガルの隠れユダヤ人は、スペイン領新大陸にまで勢力を拡大することができた。

セファルディムのネットワークの特徴は、海上ルートでの発展にあった。この点で、新ジョルファーのアルメニア人とは大きく違っている。セファルディムの世界貿易への参画は、一七世紀後半から一八世紀前半において頂点に達し、そのときの二つの中心地は、リヴォルノとアムステルダムであった。この二都市と比較すると、ロンドンの重要性は劣っていた。ロンドンは、セファルディムがマドラスとのサンゴとダイヤモンドの交換をするために重要であったが、イギリス東インド会社の独占権は、ダイヤモンドにまではおよんでいなかったのである。ロンドンのセファルディムは、このときに、リヴォルノのセファルディムの助力を得ることができた。

会社組織の相違

トリヴェッラートによれば、地中海におけるキリスト教徒とセファルディムの商人の合名会社には、大きな違いがあった。どちらも、頻繁に親類から代理商を選んだが、ヴェネツィア、フランス、オランダ、イングランドの商人も、資本を増額するために、ときには親族外の人たちと中期的で有限責任の合意を結び、ときには給与を支払って雇用したのである。それとは対照的に、リヴォルノとヴェネツィアをベースとするセファルディムは、もっとも伝統的な家族企業の形態である合名会社を使用した。

有限責任の合資会社とは異なり、合名会社には満了日はなく、構成員すべてが無限責任を負っていた。

これは、セファルディムがユダヤ人であるため、株式会社のような事業形態ではなく、あくまで家族経営を重視したためであろう。それは、セファルディムが同族結婚をしたことからも明らかである。

オランダのセファルディムは、親族とパートナーシップ契約を規定するときには、公証人を使わなかったが、ユダヤ人と非ユダヤ人の両方と取引するときには、公証人証書を起草し、傭船契約、海上保険、委任状、短期借入契約、将来の訴訟で使用されるはずの証明書を交わし、売買、他の形態の取引などをおこなった。これは、セファルディム間の信頼関係と比較すると、異教徒との信頼関係があまりなかったことを反映しているであろう。

アルメニア人の企業も家族企業であったが、セファルディムとは異なり、新ジョルファーのアルメニア人は、コンメンダ契約をした。イラン在住のアルメニア人の遍歴代理商は、新ジョルファーの家族の閉ざされた「集団」から必ず選ばれ、そのほとんどは、アルメニア教会に属していた。したがって、セファルディムと同様、アルメニア人も外に開かれた企業形態をもってはいなかったのである。

おわりに

セファルディムとは異なり、新ジョルファーのアルメニア人は、委託代理商よりもコンメンダ代理商を利用した。コンメンダとは、商業上の契約のための資本を所有する定着商人と労働力を有する代理人との契約である。コンメンダ代理商は長距離を移動し、利益の出る商売をしようとした。アルメニア人が委託代理商を利用しなかったのは、彼らの家族企業のネットワークが広範におよんでいたからである。コンメンダ契約とは、アルメニア人を中心とする家族企業間の取引契約ととらえられよう。

コンメンダ契約を結ぶことで、新ジョルファーの商人は、さまざまな地域と取引をした。新ジョルファーのアルメニア商人は、「アルメニア会社」を形成したが、それはあまり強い権力をもった組織ではなかった。したがって、コンメンダ代理商に頼らざるを得なかったのだ。

おそらくコンメンダ契約は、新ジョルファーにとって、もっとも重要な法的装置であった。裕福な商人がより安全に投資し、資本のない若い商人が国際貿易に従事して富を獲得することができたからである。

セファルディムは、オスマン帝国の商業で活躍した。アルメニア人は、サファヴィー朝で、それよりは劣るがオスマン帝国の商業、さらにはインド商業、そして東南アジアの商業でも活躍した。オスマン帝国の経済的繁栄は、セファルディムとアルメニア人に商業をある程度委ねた点に求めることができよう。近世の世界史において、ディアスポラによる恩恵を受けたのは、西欧だけではなかったのである。

セファルディムとアルメニア人の交易圏を合わせると、太平洋以外の世界中の地域を包摂した。ただし、ガレオン船が絹をマニラからアカプルコに輸送した事実を重視するなら、濃淡はあれ、世界各地におよんだということさえできる。ヨーロッパ諸国の対外進出によりこれらのディアスポラの民ネットワークは拡大し、西欧商人と競合・協同した。

長期的に見れば、西欧は、ディアスポラの民のネットワークを利用してその勢力範囲を拡大した。そしてイギリス産業革命とは、イギリスがセファルディムとアルメニア人の影響下から離脱することを意味したのである。ディアスポラの民の影響圏からの離脱は、ヨーロッパが経済的に他地域を圧倒する一九世紀の前奏曲であった。

大西洋貿易において、もっとも重要な商品は砂糖であった。その砂糖は、西アフリカから輸送された黒人奴隷が新世界で栽培したサトウキビから生産された。イギリスの産業革命は、奴隷にサトウキビだけではなく、綿花も栽培させた。イギリスは、セファルディムの影響下から脱したのだ。

さらに綿織物の捺染（プリント）技術を、ヨーロッパはアルメニア人から導入していたが、まだ手作業であった。イギリス産業革命とは、手作業ではなく機械によって捺染するようになったことを意味する。

このように、二つのディアスポラの民の影響下から離脱が成功したときに、イギリス産業革命を嚆矢とする近代社会が誕生したのである。

終章　ディアスポラの民がつくった世界

ディアスポラとヨーロッパの経済成長

近世の西欧では、宗教戦争を基調とする数多くの戦争が起きた。三十年戦争で荒廃したドイツには、ユグノーやアシュケナジムが移住していったが、これは、ブランデンブルク゠プロイセンに見られたように、国策でもあった。

ユグノーがブランデンブルク゠プロイセンに移住しなかったなら、この国は経済成長を実現できなかったであろうし、長期的には、プロイセンを中心とするドイツ統一も難しかったであろう。

宗教戦争によって元来の居住地を離れることを余儀なくされた人々は、他地域に住み着くと、故郷の人々との商業関係を維持することもあった。すると彼らのネットワークは大きく広がった。軍事革命を経験していたとはいえ、近世の武器は経済成長を妨げるほどの破壊力はなかったであろう。

アイルランドとユグノーのディアスポラに見られるように、同じ宗派の人々を頼って他地域に移動する例も多かった。さらにアイルランド人は、スコットランド人と同様、大英帝国の形成を利用して世界のあちこちに移住していった。両国とも貧しい国であり、国外に移住する人がいなければたくさんの人が餓死する可能性があった。彼らは、イングランドを上手に利用して生き延びたのである。しかもアイルランドはイングランドとは直接関係がないカトリックの商業ネットワークも有していたし、スコットランドと北欧との紐帯は強かった。この二国の歴史を、イギリス史という枠組みに限定して論じるとすれば、重要なさまざまな論点を見落としてしまうことになろう。そもそもスコットランドであれアイルランドであれ、ずっとゲール語を使用し続け、イギリスという国の一部とならなかったなら、より貧しい生活を余儀なくされたと考えるべきであろう。

どちらの国も、大国が目をつけないニッチな市場をみつけ、大国の利害をうまく利用して利益をあげた。イングランドに抑圧されるアイルランドとスコットランドという単純なイメージは、捨て去るべきであろう。彼らは、したたかな民族なのである。そして両国とも、ディアスポラの民がいた国として記憶されるべきである。商業史の観点からとらえるなら、ヨーロッパのいくつかの地域で、彼らは大きな役割を果たしたことも間違いのない事実なのである。

セファルディムの役割

セファルディムもアルメニア人も、オスマン帝国で商業の民として活躍した。同帝国は、おそらく彼らに商業を委ねることによって経済的に繁栄することができた。

セファルディムは新世界でサトウキビの栽培方法と砂糖の生産方法を伝播させた。アルメニア人は、捺染技術をヨーロッパに伝えた。彼らのネットワークを合わせると、旧世界から新世界、さらには太平洋の一部にまでおよんだ。そして彼らの影響下から離脱することで、イギリス産業革命が発生したのである。

さらにまた、セファルディムとアルメニア人のそれぞれのヨーロッパの対外進出との関係は、新世界とアジアの二世界とヨーロッパの紐帯の相違を如実に示す。セファルディムが向かった新世界は、ヨーロッパ人が新たに開拓した商業圏であり、セファルディムはそれをうまく利用して自らの商業圏を拡大した。ヨーロッパ諸国は、それぞれの国が大西洋経済を拡大していった。これは、帝国貿易（Imperial trade）と呼ばれる。セファルディムは、その空隙を縫うように勢力を拡大させた。すなわち、彼らは帝国間貿易（Inter-imperial trade）の担い手であり、そのために新世界は「砂糖の王国」となることができたのである。

砂糖は、一八世紀後半のヨーロッパ商業で、最大の利益をあげた商品であった。アメリカのプランテーションでサトウキビの栽培に従事したのは、西アフリカから輸送された黒人奴隷であり、サトウキビの栽培方法を新世界各地に広めたのは、セファルディムであった。

セファルディムはまた、ダイヤモンド貿易にも従事した。フランチェスカ・トリヴェッラートが明らかにしたのは、地中海のサンゴをセファルディムがインドに輸出し、インドからヒンドゥー教徒がダイヤモンドを輸出するという巨大な異文化間交易の実態であった。

アルメニア人

それに対しアルメニア人は、ヨーロッパがアジアに進出する以前から、ユーラシア大陸で活躍する国家なき商業の民であった。そのためヨーロッパ諸国がアジアに進出するときに、彼らとの協力関係は欠かせなかったのである。一六八八年にアルメニア人とイギリス東インド会社のあいだで協定が結ばれたという事実が、それを明確に物語る。ヨーロッパは決して、海上ルートだけでアジアに進出したわけではなかった。

アルメニア人の商業圏は、それこそユーラシア大陸の各地におよんだ。彼らとの貿易は、ヨーロッパの商業拡張にとって不可欠だったのである。アルメニア人は、主として陸上ルートで貿易をした。すでに一六世紀のうちには、東南アジアにまで来ていたようである。アルメニア人がインドと東南アジアとの貿易に従事するようになったのは、そのことと関係していよう。

マカオに進出したアルメニア人は、マニラにまで渡ったことはたしかである。しかし、そこからガレオン船に乗って、太平洋を横断してメキシコに行ったかどうかはわからない。アルメニア人が日本に到達したかどうかという議論もある。間違いなくいえることは、そのようなことがあったとしても不思議ではないほど、アルメニア人の商業圏が広大だったことである。アルメニア人を無視して、ヨーロッパの対外進出を語るのは、まったく不適切である。

アシュケナジム

セファルディムと同じユダヤ人であったアシュケナジムの移動先は、本書が対象とする時代においては、ヨーロッパ外におよぶことはほとんどなかった。ただ少数のアシュケナジムが、ポルトガルからインドへと渡ったかもしれない。彼らの起源は不明であるが、東欧から他のヨーロッパ諸地域に広がった民族であることはたしかである。彼らは、東欧や中欧で金融業を営み、イギリスにおいてはインドとダイヤモンドを取引した。一八世紀になると、アシュケナジムはセファルディムに取って代わり、アムステルダムのユダヤ人の中核となった。

ヨーロッパに住むユダヤ人のなかで、セファルディムよりもアシュケナジムの方が人口が多くなる時期を明確に決めることは難しいが、アムステルダムの場合、それは一八世紀初頭に生じた。一八世紀初頭にダイヤモンドがブラジルで発見されたにもかかわらず、その貿易にセファルディムが関与していなかったことは、明らかにセファルディム勢力の低下を意味する。

一九世紀になると、ヨーロッパでは、アシュケナジムの方がセファルディムよりも優勢になる。たとえば、ロスチャイルド家は、アシュケナジムの一家である。南アフリカのダイヤモンド発掘、そしてダイヤモンドシンジケートを支配したユダヤ人は、アシュケナジムであった。現在も、ベルギーのアントウェルペンの有名なダイヤモンド街で、もっともよく話されている言語は、アシュケナジムが話すイーディッシュ語である。

イエズス会とディアスポラ

また、本書では、ディアスポラの民としてイエズス会士を取り上げた。それは、少なくともロヨラがリーダーだった時代のイエズス会には、多数のコンベルソが含まれていたからである。スペイン史において、先祖代々の純粋なカトリックを意味する「血の純潔」にもっとも忠実であるべきはずのイエズス会自体が、じつはこの概念からかなり遠い存在であったことは非常に興味深い事象であろう。

しかしもし彼らが「血の純潔」にこだわっていたなら、コンベルソの商業ネットワークを利用して世界各地で信者を獲得することなどできなかったであろう。イエズス会の拡大は、コンベルソのネットワーク拡大と、明らかにリンクしていた。

経済的にはおそらくアジアよりも貧しかったヨーロッパであったが、経済制度としては、アジアより効率的であったと思われる。グーテンベルク革命の影響もあり、ヨーロッパ、とくに西欧は情報の非対称性が少ない社会が形成され、市場への参入が容易になっていた。ヨーロッパで生まれた商業制度は、アジアに輸出された。

ヨーロッパは、軍事力というハードパワーだけではなく、商業システムというソフトパワーでも、徐々にアジアより優位になっていった。その典型的な事例は、セファルディムとヒンドゥー教徒との貿易で、契約文書がポルトガル語で書かれていたことに象徴される。そもそもアジアは、ヨーロッパが創出したような明確でわかりやすい商業制度をもってはいなかった。そのため、ヨーロッパのソフトパワーがアジアへと輸出され、アジア商業がヨーロッパ化されていったのである。いうまでもなく、その主要な担い手として、ディアスポラの民が想定されるのである。

ディアスポラの民は、ヨーロッパの内外を問わず、宗教戦争に代表される宗教的理由によって元来の居住地から移住することを余儀なくされた。それはキリスト教という不寛容な世界に起こりがちであり、彼らがアジアに移住したのも、イスラームという一神教を含め、アジアの方が宗教的に寛容だったことも、理由の一つにあげられるかもしれない（イスラームは、この時代にはキリスト教よりも他宗教の人々に寛容であった）。この点を除いて、ディアスポラを語るべきではないと私は思う。

ディアスポラの民と一六～一八世紀の世界史

世界のヨーロッパ化の少なからぬ部分は、ディアスポラの民によって担われた。ディアスポラの民を、巨大な国家権力によって抑圧された人たちととらえるだけでは、彼らがどれほど歴史的に重要だったかがわからなくなってしまう。彼らは、歴史の主役でもあった。

ヨーロッパ諸国は、疑いの余地なく、国家的プロジェクトとしてヨーロッパ外世界に進出し、植民地を築いた。だがそのような政治的営みではなく商業行為に目をやるなら、国家から独立して活動した国際貿易商人の存在に気づかざるを得ない。彼らの多くは、ディアスポラの民であった。そして国家は、彼らが形成した独自の商業ネットワークを利用した。ディアスポラの民は、「アントウェルペン商人のディアスポラ」にはじまるヨーロッパ経済の拡大において、欠くことができない役割を果たした。

われわれは一六～一八世紀の世界史を見ていくとき、このような関係にもっと目を向けるべきなのである。それは国家と商人の共棲社会であり、言い換えるなら、それこそが、近世の世界史の特徴なのである。ディアスポラの民が迫害されたのは事実である。しかし、たくましく生きたことも事実なのである。そのようなディアスポラの民を主役とし、ヨーロッパを中心とした近世世界を描き出すことが、本書の目的であった。その成否は、読者の判断に委ねられる。

あとがき

肩の荷が下りるとは、このようなことをいうのだろう。ディアスポラとは、私にとって、なかなか書くことができなかったテーマだったからだ。

初めて「ディアスポラ」という語を知ったのがいつであったのかは、どうしても思い出せない。しかし、歴史研究におけるディアスポラの重要性が認識できたのは、一九九六年に東京大学で開催された史学会主催の「近世ヨーロッパ商業空間とディアスポラ〈東洋史・西洋史合同シンポジウム〉ディアスポラの開く商業空間）」であったことは間違いない。このときにディアスポラが、欧米の歴史学界で流行しているばかりか、歴史研究において非常に重要なテーマであることを知った。本書は、それからおよそ四半世紀にわたる私自身のディアスポラ研究をまとめたものである。

私が大学に入学した一九八三年には、歴史研究の基本単位は「国家」であった。その後、歴史研究の潮流は大きく変わり、国民国家が当然の前提条件とはみなされなくなった。日本ではまだそれほどでもないが、欧米では、国境を越えた商人の活動が主要な研究テーマとなった。私自身の研究も、欧米の歴史学界のそのような変化にさらされてきた。その研究動向をある程度消化し、私個人の視点を付け加えたのが本書である。

ヨーロッパ史において、ディアスポラが急速に重要になるのは、一六世紀のことであった。それは宗教戦争のために多くの商人が故郷を去ることを余儀なくされ、さらにヨーロッパの対外進出がはじまったからである。

ディアスポラの民は、一神教の排他性のために、故郷を去らざるを得なくされ、さまざまな地域に移住した。その地域には、ヨーロッパ外世界もあった。彼らは、ヨーロッパ諸国とともに対外進出をした。現在の歴史研究では、ヨーロッパ商人は国家の利害とは無関係に新世界やアジアで活動したといわれており、そのなかに、ディアスポラの民もいたのだ。

本書で対象としている時代は、重商主義時代ともいわれる。ヨーロッパ諸国は、国家機構を強化し、戦争遂行を目的として公債を発行し、その返済のために税金をかけた。したがって国家の力が強化された時代であるが、同時に、商人のネットワークが著しく拡大する時代でもあった。そして国家と商人の共棲関係を特徴とする時代であり、国家は商人を、商人は国家を巧みに利用したのである。

本書は、そのような特徴をもつ重商主義時代を、商人そして商業活動から考察したものである。

欧米、とくにアメリカの歴史学界では、ヨーロッパの世界支配の軍事的側面を強調することが多い。だがそれでは、ヨーロッパが長期間にわたり世界を制覇し、ヨーロッパの商業システムが世界のスタンダードだとみなされるようになったことを説明できない。ヨーロッパは、軍事というハードパワーのみならず、商業システムというソフトパワーでも世界を支配し、それはディアスポラの民がいたからこそ可能だったと思われるのである。この点は、本書の特徴として強調しておくべきであろう。

いくつものディアスポラの民が、ヨーロッパの発展に寄与した。私自身、本書の執筆にあたって、これほど多くのディアスポラの民がいたことに驚かされた。彼らは、ヨーロッパ史の大きなそして欠くことができない大きな幹であった。なかでも、セファルディムとアルメニア人は、ヨーロッパ史においてきわめて重要な役割を果たしていたのである。読者には、何よりもそういうことを理解していただきたいと願っている。

われわれは、一九世紀に世界を支配したヨーロッパ人の歴史観にあまりに強く影響されてきた。国民国家の形成は、当たり前のことだと考えてきた。しかし、ＥＵに代表される広域の共同体があちこちに誕生している。とすれば、国民国家とは、じつは一八世紀から二〇世紀にかけて一時的に誕生したものにすぎず、現在の社会は、近世と同じように国家と商人の共棲社会となっているのではないか。多国籍企業がタックスヘイヴンを利用して利益を獲得する姿を見ると、商人が国家を、国家が商人を利用した重商主義社会が再現されたのではないかと感じている。欧米が中心となって築き上げられてきた近現代の社会像は、もっと相対化して見ていくべきである。このように、私自身の歴史観は、四〇年近い歳月を経て、本当に大きく変化してしまった。

本書は、これまでの私の研究をさらに発展させたものであるが、とりわけ『拡大するヨーロッパ世界一四一五〜一九一四』（知泉書館、二〇一八）の成果を利用した。

本書の執筆に際しては、国内外のさまざまな友人・知人の助力を得た。とりわけ、深沢克己先生をはじめとする国際商業史研究会のメンバーからは、たくさんの知見を提供していただいた。皆さんに厚く御礼申し上げたい。

本書執筆は、立教大学の菊池雄太先生から河出書房新社をご紹介いただいたことからはじまった。編集を担当していただいた渡辺史絵さんは、草稿を何度も読み、さまざまな助言をしてくださった。お二人に心から感謝する。

二〇二二年　一月

京都・神山にて　玉木俊明

森田安一（1993）『ルターの首引き猫――木版画で読む宗教改革』山川出版社
――――（2018）『ルター――ヨーロッパ中世世界の破壊者』山川出版社
山本正（2017）『図説 アイルランドの歴史（ふくろうの本）』河出書房新社
吉田彩子（2019）「スペイン黄金世紀文学における名誉と血の純潔」『清泉女子大学キリスト教文化研究所年報』27
オーバーマン、H・A著／日本ルター学会・日本カルヴァン研究会訳（2017）『二つの宗教改革――ルターとカルヴァン』教文館
カストロ、アメリコ著／本田誠二訳（2012）『スペイン人とは誰か――その起源と実像』水声社
――――（2020）『歴史のなかのスペイン――キリスト教徒、モーロ人、ユダヤ人』水声社
カーティン、フィリップ著／田村愛理・中堂幸政・山影進訳（2002）『異文化間交易の世界史』NTT出版
コーエン、ロビン著／駒井洋訳（2012）『新版　グローバル・ディアスポラ』明石書店
コットレ、ベルナール著／出村彰訳（2008）『カルヴァン　歴史を生きた改革者――1509-1564』新教出版社
コリー、リンダ著／川北稔監訳（2000）『イギリス国民の誕生』名古屋大学出版会
シャルダン、J著／岡田直次訳注（1997）『ペルシア見聞記』東洋文庫
ゾンバルト、ヴェルナー著／金森誠也訳（2016）『ブルジョワ――近代経済人の精神史』講談社学術文庫
トムソン、フランシス著／中野記偉訳（1990）『イグナチオとイエズス会』講談社学術文庫
トリヴェッラート、フランチェスカ著／和栗珠里・藤内哲也・飯田巳貴訳（2019）『異文化間交易とディアスポラ――近世リヴォルノとセファルディム商人』知泉書館
ブルヌティアン、ジョージ著／小牧昌平監訳・渡辺大作訳（2016）『アルメニア人の歴史――古代から現代まで』藤原書店
ミラー、カービー・ポール ワグナー著／茂木健訳（1998）『アイルランドからアメリカへ――700万アイルランド人移民の物語』東京創元社
ムール、S著／佐野泰雄訳（1990）『危機のユグノー――17世紀フランスのプロテスタント』教文館
ロヨラ、イグナチオ・デ著／イエズス会編（1992）『聖イグナチオ・デ・ロヨラ書簡集』平凡社
――――門脇佳吉訳・解説（1995）『霊操』岩波文庫

紙幅の関係上、参考文献の掲載は最小限にとどめた。

地図製作：小野寺美恵

Labour Migration, c. 1550-1850, Amsterdam.
Vanneste, Tijl (2016) : *Global Trade and Commercial Networks,* London and New York.
Yogev, Gedalia, (1978) : *Diamonds and Coral : Anglo-Dutch Jews and Eighteenth-Century Trade,* Leicester.

https://museeprotestant.org/en/notice/
浅見雅一（2011）『フランシスコ゠ザビエル――東方布教に身をささげた宣教師』山川出版社
安野眞幸（2014）『教会領長崎――イエズス会と日本』講談社選書メチエ
上野格・森ありさ・勝田俊輔編（2018）『アイルランド史（世界歴史大系）』山川出版社
大黒俊二（2006）『嘘と貪欲――西欧中世の商業・商人観』名古屋大学出版会
岡本さえ（2008）『イエズス会と中国知識人』山川出版社
小岸昭（1992）『スペインを追われたユダヤ人――マラーノの足跡を訪ねて』人文書院
北政巳（1998）『近代スコットランド移民史研究』御茶の水書房
金哲雄（2003）『ユグノーの経済史的研究』ミネルヴァ書房
坂本宏（2010）「血の純潔規約に関する研究動向」『明治学院大学教養教育センター紀要――カルチュール』4（1）
鈴木董（1992）『オスマン帝国――イスラム世界の「柔らかい専制」』講談社現代新書
関哲行（2003）『スペインのユダヤ人』山川出版社
高橋裕史（2006）『イエズス会の世界戦略』講談社選書メチエ
竹原有吾（2017）「18 世紀プロイセンの絹織物業の発展とユダヤ教徒の企業家活動――商人の工場主化による「国家的共同体」の基盤形成」『経営史学』52（3）
立石博高編（2000）『スペイン・ポルトガル史（新版 世界各国史）』山川出版社
谷川稔・鈴木健夫・村岡健次・北原敦（2009）『世界の歴史 22 近代ヨーロッパの情熱と苦悩』中公文庫
玉木俊明（2008）『北方ヨーロッパの商業と経済――1550-1815 年』知泉書館
――――（2018）『逆転の世界史――覇権争奪の 5000 年』日本経済新聞出版社
――――（2018）『拡大するヨーロッパ世界――1415-1914』知泉書館
――――（2019）『逆転のイギリス史――衰退しない国家』日本経済新聞出版社
――――（2020）『ダイヤモンド　欲望の世界史』日経プレミア新書
徳善義和（2012）『マルティン・ルター――ことばに生きた改革者』岩波新書
永田雄三・羽田正（2008）『世界の歴史 15 成熟のイスラーム社会』中公文庫
羽田正（2010）『冒険商人シャルダン』講談社学術文庫
深沢克己（1999）「ヨーロッパ商業空間とディアスポラ」『岩波講座　世界歴史 15 商人と市場』岩波書店
――――（2007）『商人と更紗――近世フランス゠レヴァント貿易史研究』東京大学出版会
――――高山博編（2006）『信仰と他者――寛容と不寛容のヨーロッパ宗教社会史』東京大学出版会
堀米庸三（2013）『正統と異端――ヨーロッパ精神の底流』中公文庫
森新太（2010）「ヴェネツィア商人たちの『商売の手引』」『パブリック・ヒストリー』（7）

Maryks, Robert Aleksander (2009): *The Jesuit Order as a Synagogue of Jews: Jesuits of Jewish Ancestry and Purity-of-Blood Laws in the Early Society of Jesus,* Leiden.
Murdoch, Steve (2007a): Scotland, Europe and the English 'Missing Link', *History Compass* 5 (3).
——— (2007b): "The French Connection: Bordeaux's 'Scottish' Networks in Context, c.1670–1720", in G. Leydier ed., *Scotland and Europe, Scotland in Europe,* Newcastle.
Murray, James M. (2005): *Bruges, Cradle of Capitalism, 1280–1390,* Cambridge.
O'Connor, Thomas snd Mary Ann Lyons eds. (2003) *Irish Migrants in Europe after Kinsale 1602–1820,* Dublin.
Osterhammel, Jürgen (2010): *Die Entzauberung Asiens: Europa und die asiatischen Reiche im 18. Jahrhundert,* München.
Parmentier, Jan (2005): "The Irish Connection: The Irish Merchant Community in Ostend and Bruges during the late Seventeenth and Eighteenth Centuries", *Eighteenth-Century Ireland* 20.
Polónia, Amélia (2013): "Self-organised Networks in the First Global Age: The Jesuits in Japan", 『京都産業大学世界問題研究所紀要』 28.
Pourchasse, Pierrick (2006): "Problems of French Trade with the North in the Eighteenth Century", Paper presented to a lecture of Kwansei Gakuin University on 18th May in 2006.
——— (2011): "Trade between France and Sweden in the Eighteenth Century", *Forum Navale,* 67.
Rauschenbach, Sina ed. (2020): *Sephardim and Ashkenazim: Jewish-Jewish Encounters in History and Literature,* Berlin.
Riello, Giorgio (2013): *Cotton: The Fabric that Made the Modern World,* Cambridge.
Roth, Norman (2002): *Conversos, Inquisition, and the Expulsion of the Jews from Spain,* Madison.
Scouloudi, Irene ed. (1987): *Huguenots in Britain and Their French Background 1550–1800,* London.
Scoville, Warren C. (1952): "The Huguenots and the Diffusion of Technology. I", *Journal of Political Economy* 60 (4).
Stanwood, Owen (2020): *The Global Refuge: Huguenots in an Age of Empire,* Oxford.
Steensgaard, Niels (1975): *The Asian Trade Revolution of the Seventeenth Century: The East India Companies and the Decline of the Caravan Trade,* Chicago.
Tavernier, Jean-Baptiste (2012): *Travels in India:* vols. 2 Cambridge.
Treasure, Geoffrey (2013): *The Huguenots,* New Haven.
Tremml-Werner, Birgit M. (2015): *Spain, China, and Japan in Manila, 1571–1644,* Amsterdam.
Trivellato, Francesca (2009): "Sephardic Merchants in the Early Modern Atlantic and Beyond: Toward a Comparative Historical Approach to Business Cooperation", in Richard L. Kagan and Philip D. Morgan eds., *Atlantic Diasporas: Jews, Conversos, and Crypto-Jews in the Age of Mercantilism, 1500-1800,* Baltimore.
——— (2011): "Marriage, Commercial Capital, and Business Agency: Sephardic (and Armenian) Transregional Families in the Seventeenth- and Eighteenth-century Mediterranean", in Christopher H. Johnson, David Warren Sabean, Simon Teuscher and Francesca Trivellato eds., *Transregional and Transnational Families in Europe and Beyond: Experiences since the Middle Ages,* New York and Oxford.
Van Lottum, Jelle (2007): *Across the North Sea: The Impact of the Dutch Republic on International*

Fourie, Johan and Dieter von Fintel (2013): "Settler Skills and Colonial Development: the Huguenot Wine-makers in Eighteenth-century Dutch South Africa", *The Economic History Review* 67 (4).

Gelderblom, Oscar (2000): *Zuid-Nederlandse kooplieden en de opkomst van de Amsterdam se stapelmarkt (1578–1630),* Hilversum.

Harris, Ron (2020): *Going the Distance: Eurasian Trade and the Rise of the Business Corporation,* 1400–1700, Princeton.

Hellman, Lisa (2015): *Navigating the Foreign Quarters: Everyday Life of the Swedish East India Company Employees in Canton and Macao 1730–1830,* Stockholm.

Herzig, Edmund M. (1991): *The Armenian Merchants of New Julfa, Isfahan: A Study in Pre-modern Asian Trade,* Ph. D. Thesis, University of Oxford, St. Antony's College.

——— (1992) The Volume of Iranian Raw Silk Exports in the Safavid Period, *Iranian Studies,* 25 (1/2).

Hornung, Erik (2014): "Immigration and the Diffusion of Technology: The Huguenot Diaspora in Prussia", *The American Economic Review* 104 (1).

Howell, Roger, Jr. (1987): "The Vocation of the Lord": Aspects of the Huguenot Contribution to the English-Speaking World", *Anglican and Episcopal History* 56 (2).

Ingram, Kevin (2006): *Secret Lives, Public Lies: The Conversos and Socio-religious non-Conformism in the Spanish Golden Age,* San Diego.

Israel, Jonathan I. (1985): *European Jewry in the Age of Mercantilism, 1550–1750,* Oxford.

——— (2002): *Diasporas within a Diaspora: Jews, Crypto-Jews and the World Maritime Empires (1540–1740),* Leiden.

Kaplan, Yosef (1989): "Amsterdam and Ashkenazic Migration in the Seventeenth Century", *Studia Rosenthaliana* 23.

Karimi, Zainullah (2019): "The Role and Reason Why Armenians Were Selected as Iranian Businessmen During the Shah Abbas's Era", *International Journal of Scientific Research and Management* 7 (11).

Kątny, Andrzej, Izabela Olszewska and Aleksandra Twardowska eds. (2013): *Ashkenazim and Sephardim: A European Perspective,* Frankfurt am Main.

Kellenbenz, Hermann (1965): "Der russische Transithandel mit dem Orient im 17. und zu Beginn des 18. Jahrhunderts", *Jahrbücher für Geschichte Osteuropas,* Neue Folge 12 (4).

——— (1970): "Marchands en Russie aux XVIIe–XVIIIe siècles", *Cahiers du Monde russe et soviétique* 11 (4).

Klooster, Wim (2001): "Sephardic Migration and the Growth of European Long-Distance Trade", *Studia Rosenthaliana* 35 (2).

Larminie, Vivienne ed. (2018): *Huguenot Networks, 1560–1780: The Interactions and Impact of a Protestant Minority in Europe,* New York and London.

Levy, Avigdor (1992): *The Sephardim in the Ottoman Empire,* Princeton.

MacKenzie, John M. and T.M. Devine eds. (2011): *Scotland and the British Empire,* Oxford.

McCusker, John J. and Cora Gravesteijn (1991): *The Beginnings of Commercial and Financial Journalism: The Commodity Price Currents, Exchange Rate Currents, and Money Currents of Early Modern Europe,* Amsterdam.

主要参考文献

Aslanian, Sebouh David (2011): *From the Indian Ocean to the Mediterranean: The Global Trade Networks of Armenian Merchants from New Julfa,* Berkeley.

Aust, Cornelia (2013): "Between Amsterdam and Warsaw: Commercial Networks of the Ashkenazic Mercantile Elite in Central Europe," *Jewish History* 27 (1).

Baghdiantz McCabe, Ina, Gelina Harlaftis and Ioanna Pepelasis Minoglou eds. (2005). *Diaspora Entrepreneurial Networks: Four Centuries of History,* New York.

Berger, David (2011): *Cultures in Collision and Conversation: Essays in the Intellectual History of the Jews,* Boston.

Berger, Shlomo (2001): *Ashkenazim Read Sephardim in Seventeenth- and Eighteenth-Century Amsterdam,* Studia Rosenthaliana 35 (2).

Bhattacharya, Bhaswati (2005): "Armenian European Relationship in India, 1500–1800: No Armenian Foundation for European Empire?", *Journal of the Economic and Social History of the Orient* 48 (2).

——— (2008): "Making Money at the Blessed Place of Manila: Armenians in the Madras–Manila Trade in the Eighteenth Century", *Journal of Global History* 3.

Blom, Philipp (2017): *Die Welt aus den Angeln: Eine Geschichte der Kleinen Eiszeit von 1570 bis 1700 sowie der Entstehung der modernen Welt verbunden mit einigen Überlegungen zum Klima der Gegenwart,* München.

Bloom, H. I. (1937): *The Economic Activities of the Jews of Amsterdam in the Seventeenth and Eighteenth Centuries,* New York and London.

Bosher, J. F. (1995): "Huguenot Merchants and the Protestant International in the Seventeenth Century", *The William and Mary Quarterly* 52 (1).

Brulez, W. (1960): "De Diaspora der Antwerpse kooplui op het einde van de 16e eeuw", *Bijdragen voor de Geschiedenis der Nederlanden* 15.

Bueltmann, Tanja, Andrew Hinson and Graeme Morton (2013): *The Scottish Diaspora,* Edinburgh.

Canny, Nicholas ed. (1994): *Europeans on the Move: Studies on European Migration 1500–1800,* Oxford.

Dale, Stephen F. (2009): *The Muslim Empires of the Ottomans, Safavids, and Mughals,* Cambridge.

De Sousa, Lúcio (2018): "The Jewish Presence in China and Japan in the Early Modern Period: A Social Representation", in M. Perez Garcia and L. de Sousa eds., *Global History and New Polycentric Approaches,* London.

——— (2019): "Judaeo-Converso Merchants in the Private Trade between Macao and Manila in the Early Modern Period", *Journal of Iberian and Latin American Economic History* 38 (3).

Devine, Tom M. (2003): *Scotland's Empire 1600–1815,* London.

Ferrier, R. W. (1973): "The Armenians and the East India Company in Persia in the Seventeenth and Early Eighteenth Centuries", *The Economic History Review* 26 (1).

Flynn, Dennis O. and Arturo Giráldes (2006): "Globalization began in 1571", in Barry K. Gills and William R. Thompson eds., *Globalization and Global History,* London and New York.

玉木俊明（たまき・としあき）
1964年生まれ。現在、京都産業大学経済学部教授。専門は近世ヨーロッパ経済史。著書に『16世紀「世界史」のはじまり』（文春新書）、『海洋帝国興隆史：ヨーロッパ・海・近代世界システム』『近代ヨーロッパの誕生：オランダからイギリスへ』（共に講談社）、『物流は世界史をどう変えたのか』（PHP新書）、『世界史を「移民」で読み解く』（NHK出版新書）など多数。

迫害《はくがい》された移民《いみん》の経済史《けいざいし》
――ヨーロッパ覇権《はけん》、影《かげ》の主役《しゆやく》

2022年2月18日　初版印刷
2022年2月28日　初版発行

著　者　玉木俊明
装丁者　松田行正＋杉本聖士
発行者　小野寺優
発行所　株式会社河出書房新社
〒151-0051　東京都渋谷区千駄ヶ谷2-32-2
電話　（03）3404-1201［営業］（03）3404-8611［編集］
https://www.kawade.co.jp/
印　刷　株式会社亨有堂印刷所
製　本　大口製本印刷株式会社
Printed in Japan
ISBN978-4-309-22843-3